Papst Franziskus

Mein Traum von Europa

W0072406

# Mein Traum von Europa

## Die Rede des Papstes zum Karlspreis und Dokumentation der Laudationen

Herausgegeben von Björn Siller

HERDER

FREIBURG · BASEL · WIEN

# Inhalt

»Zurück zu den Gründervätern Europas!?«

Begründung

# Zum Geleit

*Annette Schavan*

Die Verleihung des Internationalen Karlspreises 2016 an Papst Franziskus ist in einem Jahr erfolgt, in dem Europa vor wichtigen Entscheidungen über seine eigene Entwicklung und Zukunft steht. Bei der feierlichen Zeremonie in der Sala Regia des Apostolischen Palastes hielt der Papst eine Rede, mit der er allen, die für Europa wirken, eine große Ermutigung gegeben hat. Sein Traum von Europa zeigt einmal mehr: Europa muss sein Schicksalsjahr als einen *Kairos* begreifen. Darauf hat Kardinal Kasper in seiner Predigt im Petersdom hingewiesen: »Doch jede Krise ist auch eine Entscheidungssituation. Sie kann zum *Kairos* werden und zu Gutem führen; sie kann auch in einer Katastrophe enden. Es kommt darauf an, was wir daraus machen. Es kommt auf uns an, ob wir uns von der Angst treiben lassen, oder von dem ›Fürchte Dich nicht!‹ leiten lassen.« (S. 26)

Die Gründer der Europäischen Union setzten auf die Kraft der Versöhnung durch eine Einheit in der Vielfalt. Eine neue Solidarität sollte verhindern, dass mitten in Europa wieder Krieg geführt wird. Die europäischen Länder konzentrierten sich auf gemeinsame Interessen und Werte, die zu einer Stärkung der neu entstandenen Gemeinsamkeit auf dem Kontinent führte. Eine wichtige Voraussetzung dafür war, für eine gute und erfolgreiche Entwicklung im eigenen Land auch aus den Quellen der Solidarität in der Gemeinschaft schöpfen zu können. Jene, die die Europäische Union gründeten, waren davon überzeugt, dass eine wirtschaftliche Vereinigung der Beginn des Weges zu einer Union sein müsse, die sich auch als Wertegemeinschaft versteht. So gewann die Gemeinschaft über die Jahrzehnte hinweg an Attraktivität, auch und vor allem im internationalen Dialog. Heute steckt die EU zweifelsohne in einer anstrengenden Situation. So sehr anerkannt wird, dass sie ein großes Friedenswerk ist, so sehr führen die Krisen unserer Tage manche zu Zweifeln an ihrer Zukunftsfähigkeit. Wo die Zweifel überwiegen, verliert die Union ihren inneren Zusammenhalt, weil nationale Interessen der Mitgliedsländer vor das Gemeinwohl der Gemeinschaft gesetzt werden. Die Schwächung der Gemeinschaft aber wird jedes Mitgliedsland treffen. Die Flucht in die nationale Abschottung ist keine Antwort auf die Probleme der Welt. Ein Vierteljahrhundert nach dem Fall der Mauer in Europa werden neue Mauern und Grenzzäune niemanden schützen können. Sie gefährden bislang erreichte Stabilität und schwächen unseren kulturellen, sozialen und ökonomischen Wohlstand. Sie lassen das Fundament brüchig werden, auf dem die Europäische Union aufgebaut ist.

Papst Franziskus hat von einem »Neuen europäischen Humanismus« (S. 24) gesprochen. Dieser Humanismus vermeidet Ausgrenzung und Abschottung. Er setzt auf Integration und Inklusion. »Das Gesicht Europas unterscheidet sich nämlich nicht dadurch, dass es sich anderen widersetzt, sondern dass es die Züge verschiedener Kulturen eingeprägt trägt und die Schönheit, die aus der Überwindung der Beziehungslosigkeit kommt« (S. 18). Der Papst benennt Europa im Blick auf seine Geschichte als eine Quelle des Humanismus. Er führt uns damit vor Augen, dass jetzt auch die Zeit ist, nicht nur auf Krisen zu schauen, sondern auf das Potential, das Europa hat und das seine Attraktivität weltweit ausmacht; das Potential, das in der Begegnung der Kulturen in Europa steckt und den Kontinent zu einem Europa der Freiheit, der Vielfalt und der Toleranz hat werden lassen. Diese Toleranz darf nicht aufs Spiel gesetzt werden. Sie gehört zum kulturellen Gedächtnis der Europäer.

Papst Franziskus ist davon überzeugt, »dass die Resignation und die Müdigkeit nicht zur Seele Europas gehören und dass auch die ›Schwierigkeiten zu machtvollen Förderern der Einheit werden können‹.« (S. 13) Diese Überzeugung sollten wir uns zu Eigen machen. Aus ihr erwachsen neue Kräfte, wenn wir den Menschen und seine Würde in den Mittelpunkt unseres Handelns stellen. Europa schöpft in seiner langen Geschichte aus vielen Quellen. Dabei nimmt die Inkulturation des Christentums eine besondere Rolle ein. Sie ist verbunden mit dem anthropologischen Fundament Europas: Menschen nicht zu bewerten nach ihren Leistungen, Überzeugungen und Herkünften, vielmehr jeden Menschen als von Gott geschaffen und mit unverwirkbarer Würde ausgestattet zu sehen. Das ist der Kern des biblischen Verständnisses vom

Menschen. Auch das gehört zum kulturellen Gedächtnis der Europäischen Union. Genau darauf ergeben sich jetzt auch die Erwartungen an die Europäer. Sie werden sich fragen lassen müssen, wie sie es mit den eigenen Werten halten. Es geht um Glaubwürdigkeit.

Es geht auch um das Fundament für künftige Generationen und darum, der heute jungen Generation eine gute Zukunft in Europa zu ermöglichen. Viele junge Menschen in Europa warten auf ein starkes Signal, dass ihre Talente gefragt sind. Ihnen darf nicht der Eindruck vermittelt werden, Europa sei das Problem. Sie müssen erfahren können, dass Europa an ihnen Interesse hat und die Gemeinschaft der Europäischen Länder auf sie setzt und ihnen Zukunftschancen eröffnet. Deshalb ist gerade jetzt Papst Franziskus als ›Stimme des Gewissens‹ für die Europäische Union und ihre Mitgliedsländer so bedeutsam.

Die Texte in diesem Buch weisen in die Zukunft. Sie lassen erkennen, was wir meinen, wenn wir von der Seele Europas sprechen. Sie geben uns einen Kompass an die Hand, der uns Wege in die Zukunft einer Europäischen Union weist, die ihre Kraft und Stabilität aus dem Vorrang des Gemeinwohls vor nationalen Interessen schöpft.

# Mein Traum von Europa

*Papst Franziskus*

Sehr geehrte Damen und Herren,

herzlich heiße ich Sie willkommen und danke Ihnen, dass Sie da sind. Ein besonderer Dank gilt den Herren Marcel Philipp, Jürgen Linden, Martin Schulz, Jean-Claude Juncker und Donald Tusk für ihre freundlichen Worte. Ich möchte noch einmal meine Absicht bekräftigen, den ehrenvollen Preis, mit dem ich ausgezeichnet werde, Europa zu widmen: Wir wollen die Gelegenheit ergreifen, über dieses festliche Ereignis hinaus gemeinsam einen neuen kräftigen Schwung für diesen geliebten Kontinent herbeizuwünschen.

Die Kreativität, der Geist, die Fähigkeit, sich wieder aufzurichten und aus den eigenen Grenzen hinauszugehen, gehören zur Seele Europas. Im vergangenen Jahrhundert hat es der Menschheit bewiesen, dass ein neuer Anfang möglich war: Nach Jahren tragischer Auseinandersetzungen, die im furchtbarsten Krieg, an den man sich erinnert, gipfelten, entstand mit der Gnade Gottes etwas in der Geschichte noch nie dagewesenes Neues. Schutt und Asche konnten die Hoffnung und die Suche nach dem Anderen, die im Herzen der Gründerväter des europäischen Projekts brannten, nicht auslöschen. Sie legten das

Fundament für ein Bollwerk des Friedens, ein Gebäude, das von Staaten aufgebaut ist, die sich nicht aus Zwang, sondern aus freier Entscheidung für das Gemeinwohl zusammenschlossen und dabei für immer darauf verzichtet haben, sich gegeneinander zu wenden. Nach vielen Teilungen fand Europa endlich sich selbst und begann sein Haus zu bauen.

Diese »Familie von Völkern« (Franziskus, Europa wach auf!, Freiburg 2014, S. 29), die in der Zwischenzeit lobenswerterweise größer geworden ist, scheint in jüngster Zeit die Mauern dieses gemeinsamen Hauses, die mitunter in Abweichung von dem glänzenden Projektentwurf der Väter errichtet wurden, weniger als sein Eigen zu empfinden. Jenes Klima des Neuen, jener brennende Wunsch, die Einheit aufzubauen, scheinen immer mehr erloschen. Wir Kinder dieses Traumes sind versucht, unseren Egoismen nachzugeben, indem wir auf den eigenen Nutzen schauen und daran denken, bestimmte Zäune zu errichten. Dennoch bin ich überzeugt, dass die Resignation und die Müdigkeit nicht zur Seele Europas gehören und dass auch die »Schwierigkeiten zu machtvollen Förderern der Einheit werden können« (ebd., S. 18).

Im Europäischen Parlament habe ich mir erlaubt, von Europa als Großmutter zu sprechen. Zu den Europaabgeordneten sagte ich, dass von verschiedenen Seiten der Gesamteindruck eines müden und gealterten Europa, das nicht fruchtbar und lebendig ist, zugenommen hat, wo die großen Ideale, welche Europa inspiriert haben, ihre Anziehungskraft verloren zu haben scheinen; ein heruntergekommenes Europa, das seine Fähigkeit, etwas hervorzubringen und zu schaffen, verloren zu haben scheint. Ein Europa, das versucht ist, eher Räume zu sichern und zu beherrschen, als Inklusions- und Transformationsprozesse hervorzubringen; ein Europa, das sich *verschanzt*, anstatt Taten den Vorrang zu geben, welche neue Dynamiken in der Gesellschaft fördern – Dynamiken, die in der Lage sind, alle sozialen Handlungsträger (Gruppen und Personen) bei der Suche nach neuen Lösungen der gegenwärtigen Probleme einzubeziehen und dazu zu bewegen, auf dass sie bei wichtigen historischen Ereignissen Frucht bringen. Ein Europa, dem es fern liegt, Räume zu schützen, sondern das zu einer Mutter wird, die Prozesse hervorbringt (vgl. Apostolisches Schreiben Evangelii gaudium (EG), 223).

Was ist mit dir los, humanistisches Europa, du Verfechterin der Menschenrechte, der Demokratie und der Freiheit? Was ist mit dir los, Europa, du Heimat von Dichtern, Philosophen, Künstlern, Musikern, Literaten? Was ist mit dir los, Europa, du Mutter von Völkern und Nationen, Mutter großer Männer und Frauen, die die Würde ihrer Brüder und Schwestern zu verteidigen und dafür ihr Leben hinzugeben wussten?

Der Schriftsteller Elie Wiesel, Überlebender der Nazi-Vernichtungslager, sagte, dass heute eine *Transfusion des*

*Gedächtnisses* grundlegend ist. Es ist notwendig, *Gedächtnis zu halten*, ein wenig von der Gegenwart Abstand zu nehmen, um der Stimme unserer Vorfahren zu lauschen. Das Gedächtnis wird uns nicht nur erlauben, nicht dieselben Fehler der Vergangenheit zu begehen (vgl. EG, 108), sondern gibt uns auch Zutritt zu den Errungenschaften, die unseren Völkern geholfen haben, die historischen Kreuzungswege, denen sie begegneten, positiv zu beschreiten. Die Transfusion des Gedächtnisses befreit uns von der oft attraktiveren gegenwärtigen Tendenz, hastig auf dem Treibsand unmittelbarer Ergebnisse zu bauen, die »einen leichten politischen Ertrag schnell und kurzlebig erbringen [könnten], aber nicht die menschliche Fülle aufbauen« (ebd., 224).

Zu diesem Zweck wird es uns gut tun, die Gründerväter Europas in Erinnerung zu rufen. Sie verstanden es, in einem von den Wunden des Krieges gezeichneten Umfeld nach alternativen, innovativen Wegen zu suchen. Sie hatten die Kühnheit, nicht nur von der Idee Europa zu träumen, sondern wagten, die Modelle, die bloß Gewalt und Zerstörung hervorbrachten, radikal zu verändern. Sie wagten, nach vielseitigen Lösungen für die Probleme zu suchen, die nach und nach von allen anerkannt wurden.

Robert Schuman sagte bei dem Akt, den viele als die Geburtsstunde der ersten europäischen Gemeinschaft ansehen: »Europa lässt sich nicht mit einem Schlage herstellen und auch nicht durch eine einfache Zusammenfassung: Es wird durch konkrete Tatsachen entstehen, die zunächst eine Solidarität der Tat schaffen.« (Erklärung am 9. Mai 1950 im Salon de l'Horloge, Quai d'Orsay, Paris). Gerade jetzt, in dieser unserer zerrissenen und verwundeten Welt, ist es notwendig, zu dieser *Solidarität der Tat* zurückzukehren, zur selben *konkreten Großzügigkeit,* der auf den Zweiten Weltkrieg folgte, denn – wie Schuman weiter ausführte – »Der Friede der Welt kann nicht gewahrt werden ohne schöpferische Anstrengungen, die der Größe der Bedrohung entsprechen.« (Ebd.) Die Pläne der Gründerväter, jener Herolde des Friedens und Propheten der Zukunft, sind nicht überholt: Heute mehr denn je regen sie an, Brücken zu bauen und Mauern einzureißen. Sie scheinen einen eindringlichen Aufruf auszusprechen, sich nicht mit kosmetischen Überarbeitungen oder gewundenen Kompromissen zur Verbesserung mancher Verträge zufrieden zu geben, sondern mutig neue, tief verwurzelte Fundamente zu legen. Wie Alcide De Gasperi sagte: »Von der Sorge um das Gemeinwohl unserer europäischen Vaterländer, unseres Vaterlandes Europa gleichermaßen beseelt, müssen alle ohne Furcht eine konstruktive Arbeit wieder neu beginnen, die alle unsere Anstrengungen einer geduldigen und dauerhaften Zusammenarbeit erfordert.« (Vgl. Rede auf der Europäischen Parlamentarischen Konferenz, Paris, 21. April 1954).

Diese Übertragung des Gedächtnisses macht es uns möglich, uns von der Vergangenheit inspirieren zu lassen, um mutig dem vielschichtigen mehrpoligen Kontext unserer Tage zu begegnen und dabei entschlossen die Herausforderung anzunehmen, die Idee Europa zu »aktualisieren« – eines Europa, das imstande ist, einen neuen, auf drei Fähigkeiten gegründeten Humanismus zur Welt zu bringen: Fähigkeit zur Integration, Fähigkeit zum Dialog und Fähigkeit, etwas hervorzubringen.

### Fähigkeit zur Integration

Erich Przywara fordert uns mit seinem großartigen Werk *Idee Europa* heraus, sich die Stadt als eine Stätte des Zusammenlebens verschiedener Einrichtungen auf unterschiedlichen Ebenen vorzustellen. Er kannte jene reduktionistische Tendenz, die jedem Versuch, das gesellschaftliche Gefüge zu denken und davon zu träumen, anhaftet. Die vielen unserer Städte innewohnende Schönheit verdankt sich der Tatsache, dass es ihnen gelungen ist, die Unterschiede der Epochen, Nationen, Stile, Visionen in der Zeit zu bewahren. Es genügt, auf das unschätzbare kulturelle Erbe Roms zu schauen, um noch einmal zu bekräftigen, dass der Reichtum und der Wert eines Volkes eben darin wurzelt, alle diese Ebenen in einem gesunden Miteinander auszudrücken zu wissen. Die Reduktionismen und alle Bestrebungen zur Vereinheitlichung – weit entfernt davon, Wert hervorzubringen – verurteilen unsere Völker zu einer grausamen Armut: jene der Exklusion. Und weit entfernt davon, Größe, Reichtum und Schönheit mit sich zu bringen, ruft die Exklusion Feigheit, Enge und Brutalität hervor. Weit entfernt davon, dem Geist Adel zu verleihen, bringt sie ihm Kleinlichkeit.

Die Wurzeln unserer Völker, die Wurzeln Europas festigten sich im Laufe seiner Geschichte. Dabei lernte es, die verschiedensten Kulturen, ohne sichtliche Verbindung untereinander, in immer neuen Synthesen zu integrieren. Die europäische Identität ist und war immer eine dynamische und multikulturelle Identität.

Die Politik weiß, dass sie vor dieser grundlegenden und nicht verschiebbaren Arbeit der Integration steht. Wir wissen: »Das Ganze ist mehr als der Teil, und es ist auch mehr als ihre einfache Summe.« Dafür muss man immer arbeiten und »den Blick ausweiten, um ein größeres Gut zu erkennen, das uns allen Nutzen bringt« (EG, 235). Wir sind aufgefordert, eine Integration zu fördern, die in der Solidarität die Art und Weise findet, wie die Dinge zu tun sind, wie Geschichte gestaltet werden soll. Es geht um eine Solidarität, die nie mit Almosen verwechselt werden darf, sondern als Schaffung von Möglichkeiten zu sehen ist, damit alle Bewohner unserer – und vieler anderer – Städte ihr Leben in Würde entfalten können. Die Zeit lehrt uns gerade, dass die bloß geographische Eingliederung der Menschen nicht ausreicht, sondern dass die Herausforderung in einer starken kulturellen Integration besteht.

Auf diese Weise wird die Gemeinschaft der europäischen Völker die Versuchung überwinden können, sich auf einseitige Paradigmen zurückzuziehen und sich auf »ideologische Kolonialisierungen« einzulassen. So wird sie vielmehr die Größe der europäischen Seele wiederentdecken, die aus der Begegnung von Zivilisationen und Völkern entstanden ist, die viel weiter als die gegenwärtigen Grenzen der Europäischen Union geht und berufen ist, zum Vorbild für neue Synthesen und des Dialogs zu werden. Das Gesicht Europas unterscheidet sich nämlich nicht dadurch, dass es sich anderen widersetzt, sondern dass es die Züge verschiedener Kulturen eingeprägt trägt und die Schönheit, die aus der Überwindung der Beziehungslosigkeit kommt. Ohne diese Fähigkeit zur Integration werden die einst von Konrad Adenauer gesprochenen Worte heute als Prophezeiung der Zukunft erklingen: »Die Zukunft der abendländischen Menschheit [ist] durch nichts, aber auch durch gar nichts, durch keine politische Spannung so sehr gefährdet wie durch die Gefahr der Vermassung, der Uniformierung des Denkens und Fühlens, kurz, der gesamten Lebensauffassung und durch die Flucht aus der Verantwortung, aus der Sorge für sich selbst.« (Ansprache auf dem Deutschen Handwerkertag, Düsseldorf, 27. April 1952).

## Die Fähigkeit zum Dialog

Wenn es ein Wort gibt, das wir bis zur Erschöpfung wiederholen müssen, dann lautet es Dialog. Wir sind aufgefordert, eine Kultur des Dialogs zu fördern, indem wir mit allen Mitteln Instanzen zu eröffnen suchen, damit dieser Dialog möglich wird und uns gestattet, das soziale Gefüge neu aufzubauen. Die Kultur des Dialogs impliziert einen echten Lernprozess sowie eine Askese, die uns hilft, den Anderen als ebenbürtigen Gesprächspartner anzuerkennen, und die uns erlaubt, den Fremden, den Migranten, den Angehörigen einer anderen Kultur als Subjekt zu betrachten, dem man als anerkanntem und geschätztem Gegenüber zuhört. Es ist für uns heute dringlich, alle sozialen Handlungsträger einzubeziehen, um »eine Kultur, die den Dialog als Form der Begegnung bevorzugt,« zu fördern, indem wir »die Suche nach Einvernehmen und Übereinkünften [vorantreiben], ohne sie jedoch von der Sorge um eine gerechte Gesellschaft zu trennen, die erinnerungsfähig ist und niemanden ausschließt« (EG, 239). Der Frieden wird in dem Maß dauerhaft sein, wie wir unsere Kinder mit den Werkzeugen des Dialogs ausrüsten und sie den »guten Kampf« (vgl. *2 Tim 4,7*) der Begegnung und der Verhandlung lehren. Auf diese Weise werden wir ihnen eine Kultur als Erbe überlassen können, die Strategien zu umreißen weiß, die nicht zum Tod, sondern zum Leben, nicht zur Ausschließung, sondern zur Integration führen.

Diese Kultur des Dialogs, die in alle schulischen Lehrpläne als übergreifende Achse der Fächer aufgenommen werden müsste, wird dazu verhelfen, der jungen Generation eine andere Art der Konfliktlösung einzuprägen als jene, an die wir sie jetzt gewöhnen. Heute ist es dringend nötig, *Koalitionen* schaffen zu können, die nicht mehr nur militärisch oder wirtschaftlich, sondern kulturell, erzieherisch, philosophisch und religiös sind. Koalitionen, die herausstellen, dass es bei vielen Auseinandersetzungen oft um die Macht wirtschaftlicher Gruppen geht. Es braucht Koalitionen, die fähig sind, das Volk vor der Benutzung durch unlautere Ziele zu verteidigen. Rüsten wir unsere Leute mit der Kultur des Dialogs und der Begegnung aus.

### Die Fähigkeit, etwas hervorzubringen

Der Dialog und alles, was er mit sich bringt, erinnern uns daran, dass keiner sich darauf beschränken kann, Zuschauer oder bloßer Beobachter zu sein. Alle, vom Kleinsten bis zum Größten, bilden einen aktiven Part beim Aufbau einer integrierten und versöhnten Gesellschaft. Diese Kultur ist möglich, wenn alle an ihrer Ausgestaltung und ihrem Aufbau teilhaben. Die gegenwärtige Situation lässt keine bloßen Zaungäste der Kämpfe anderer zu. Sie ist im Gegenteil ein deutlicher Appell an die persönliche und soziale Verantwortung.

In diesem Sinne spielen unsere jungen Menschen eine dominierende Rolle. Sie sind nicht die Zukunft unserer Völker, sie sind ihre Gegenwart. Schon heute schmieden sie mit ihren Träumen und mit ihrem Leben den europäischen Geist. Wir können nicht an ein Morgen denken, ohne dass wir ihnen eine wirkliche Teilhabe als Träger der Veränderung und des Wandels anbieten. Wir können uns Europa nicht vorstellen, ohne dass wir sie einbeziehen und zu Protagonisten dieses Traums machen.

Kürzlich habe ich über diesen Aspekt nachgedacht, und ich habe mich gefragt: Wie können wir unsere jungen Menschen an diesem Aufbau teilhaben lassen, wenn wir ihnen die Arbeit vorenthalten? Wenn wir ihnen keine würdige Arbeiten geben, die ihnen erlauben, sich mit Hilfe ihrer Hände, ihrer Intelligenz und ihren Energien zu entwickeln? Wie können wir behaupten, ihnen die Bedeutung von Protagonisten zuzugestehen, wenn die Quoten der Arbeitslosigkeit und der Unterbeschäftigung von Millionen von jungen Europäern ansteigen? Wie können wir es vermeiden, unsere jungen Menschen zu verlieren, die auf der Suche nach Idealen und nach einem Zugehörigkeitsgefühl schließlich anderswohin gehen, weil wir ihnen hier in ihrem Land keine Gelegenheiten und keine Werte zu vermitteln vermögen?

»Die gerechte Verteilung der Früchte der Erde und der menschlichen Arbeit ist keine bloße Philanthropie. Es ist eine moralische Pflicht« (Ansprache beim Welttreffen der

Volksbewegungen, Santa Cruz de la Sierra, 9. Juli 2015).
Wenn wir unsere Gesellschaft anders konzipieren wollen,
müssen wir würdige und lukrative Arbeitsplätze schaffen,
besonders für unsere jungen Menschen.

Das erfordert die Suche nach neuen Wirtschaftsmodellen,
die in höherem Maße inklusiv und gerecht sind. Sie sollen
nicht darauf ausgerichtet sein, nur einigen wenigen zu
dienen, sondern vielmehr dem Wohl jedes Menschen
und der Gesellschaft. Und das verlangt den Übergang
von einer *verflüssigten* Wirtschaft zu einer sozialen Wirtschaft. Ich denke zum Beispiel an die soziale Marktwirt-
schaft, zu der auch meine Vorgänger ermutigt haben
(vgl. Johannes Paul II. Ansprache an den Botschafter der
Bundesrepublik Deutschland, 8. November 1990). Es ist
nötig, von einer Wirtschaft, die auf den Verdienst und
den Profit auf der Basis von Spekulation und Darlehen
auf Zinsen zielt, zu einer sozialen Wirtschaft überzuge-
hen, die in die Menschen investiert, indem sie Arbeitsplätze und Qualifikation schafft.

Von einer *verflüssigten* Wirtschaft, die dazu neigt, Korrup-
tion als Mittel zur Erzielung von Gewinnen zu begüns-
tigen, müssen wir zu einer sozialen Wirtschaft gelangen,
die den Zugang zum Land und zum Dach über dem
Kopf garantiert. Und dies mittels der Arbeit als dem Umfeld, in dem die Menschen und die Gemeinschaften »viele
Dimensionen des Lebens ins Spiel [bringen können]: die
Kreativität, die Planung der Zukunft, die Entwicklung

der Fähigkeiten, die Ausübung der Werte, die Kommunikation mit den anderen, eine Haltung der Anbetung. In der weltweiten sozialen Wirklichkeit von heute ist es daher über die begrenzten Interessen der Unternehmen und einer fragwürdigen wirtschaftlichen Rationalität hinaus notwendig, ›dass als Priorität weiterhin das Ziel verfolgt wird, allen Zugang zur Arbeit zu verschaffen‹« (Enzyklika Laudato si' (LS), 127).

Wenn wir eine menschenwürdige Zukunft anstreben wollen, wenn wir eine friedliche Zukunft für unsere Gesellschaft wünschen, können wir sie nur erreichen, indem wir auf die wahre Inklusion setzen: »die, welche die würdige, freie, kreative, beteiligte und solidarische Arbeit gibt« (Ansprache, Santa Cruz de la Sierra, 9. Juli 2015). Dieser Übergang (von einer *verflüssigten* zu einer sozialen Wirtschaft) vermittelt nicht nur neue Perspektiven und konkrete Gelegenheiten zur Integration und Inklusion, sondern eröffnet uns von neuem die Fähigkeit von jenem Humanismus zu träumen, dessen Wiege und Quelle Europa einst war.

Am Wiederaufblühen eines zwar müden, aber immer noch an Energien und Kapazitäten reichen Europas kann und soll die Kirche mitwirken. Ihre Aufgabe fällt mit ihrer Mission zusammen, der Verkündigung des Evangeliums. Diese zeigt sich heute mehr denn je vor allem dahin, dass wir dem Menschen mit seinen Verletzungen entgegenkommen, indem wir ihm die starke und zugleich schlichte Gegenwart Christi bringen, seine tröstende und ermutigende Barmherzigkeit. Gott möchte unter den Menschen wohnen, aber das kann er nur mit Männern und Frauen erreichen, die – wie einst die großen Glaubensboten des Kontinents – von ihm angerührt sind und das Evangelium leben, ohne nach etwas anderem zu suchen. Nur eine Kirche, die reich an Zeugen ist, vermag von neuem das reine Wasser des Evangeliums auf die Wurzeln Europas zu geben. Dabei ist der Weg der Christen auf die volle Gemeinschaft hin ein großes Zeichen der Zeit, aber auch ein dringendes Erfordernis, um dem Ruf des Herrn zu entsprechen, dass alle eins sein sollen (vgl. *Joh 17,21*).

Mit dem Verstand und mit dem Herz, mit Hoffnung und ohne leere Nostalgien, als Sohn, der in der Mutter Europa seine Lebens- und Glaubenswurzeln hat, träume ich von einem *neuen europäischen Humanismus:* »Es bedarf eines ständigen Weges der Humanisierung«, und dazu braucht es »Gedächtnis, Mut und eine gesunde menschliche Zukunftsvision« (Franziskus; Europa, wach auf! Freiburg 2014, S. 52). Ich träume von einem jungen Europa, das fähig ist, noch Mutter zu sein: eine Mutter, die Leben hat, weil sie das Leben achtet und Hoffnung für das Leben bietet. Ich träume von einem Europa, das sich um das Kind kümmert, das dem Armen brüderlich beisteht und ebenso dem, der Aufnahme suchend kommt, weil er nichts mehr hat und um Hilfe bittet. Ich träume von einem Europa, das die Kranken und die alten Menschen anhört und ihnen Wertschätzung entgegenbringt, auf dass sie nicht zu unproduktiven Abfallgegenständen herabgesetzt werden. Ich träume von einem Europa, in dem das Migrantsein kein Verbrechen ist, sondern vielmehr eine Einladung zu einem größeren Einsatz mit der Würde der ganzen menschlichen Person. Ich träume von einem Europa, wo die jungen Menschen die reine Luft der Ehrlichkeit atmen, wo sie die Schönheit der Kultur und eines einfachen Lebens lieben, die nicht von den endlosen Bedürfnissen des Konsumismus beschmutzt ist; wo das Heiraten und der Kinderwunsch eine Verantwortung wie eine große Freude sind und kein Problem darstellen, weil es an einer hinreichend stabilen Arbeit fehlt. Ich träume von einem Europa der Familien mit einer echt wirksamen Politik, die mehr in die Gesichter als auf die Zahlen blickt und mehr auf die Geburt von Kindern als auf die Vermehrung der Güter achtet. Ich träume von einem Europa, das die Rechte des Einzelnen fördert und schützt, ohne die Verpflichtungen gegenüber der Gemeinschaft außer Acht zu lassen. Ich träume von einem Europa, von dem man nicht sagen kann, dass sein Einsatz für die Menschenrechte an letzter Stelle seiner Visionen stand.

Dokumentation der Laudationen,
Predigt und Begründung
zum Karlspreis 2016

# »Fürchtet euch nicht!«

## Walter Kardinal Kasper

Verehrte Anwesende! Liebe Schwestern und Brüder!

Zwischen Hoffen und Bangen, so kann man die Stimmung im heutigen Evangelium (vgl. *Joh 16,20–23a*) beschreiben. Zwischen Hoffen und Bangen, so kann man auch die gegenwärtige Stimmung Europas bezeichnen. Das Wort der Lesung »Fürchte dich nicht!« gilt darum auch uns und dies gerade heute.

I. Das Evangelium berichtet von der Trauer der Jünger, weil Jesus, ihr Herr und Meister, sie verlässt und heimkehrt zu seinem Vater. Für die Jünger bricht eine neue Zeit an. Es ist die Zeit der Kirche, in der es nun ihnen aufgetragen ist, die Botschaft Jesu in die Welt hinauszutragen. Aber aus dem Bangen wird bald Freude. Das Lukasevanelium berichtet, dass die Jünger nach der Himmelfahrt Jesu mit Freude erfüllt nach Jerusalem zurückgekehrt sind. Die Himmelfahrt hat Jesus endgültig als Messias und als den Heiland und Herrn der Welt bestätigt. Er ist nun endgültig der Kompass, an dem sie und an dem wir uns orientieren können.

Jesus fasst diese Spannung von Hoffen und Bangen in das Bild einer Frau, welche der Geburt ihres Kindes entgegensieht. Sie hat Angst vor dem was vor ihr steht.

Nur unter Wehen kann neues Leben entstehen. Aber wenn das Kind geboren ist, verwandelt sich ihre Angst in Freude.

Eine ähnliche Situation beschreibt die Lesung (vgl. *Apg. 18,9–19*). Sie berichtet vom Misserfolg des Paulus bei der Judenmission und von seiner Entscheidung für die Heidenmission. Das war die folgenreichste Entscheidung der gesamten Kirchengeschichte. Der Übergang von der Judenmission zur Heidenmission ist die Zeitenwende, durch die das Christentum nach Europa gekommen, zur Grundlage europäischer Kultur geworden ist und von Europa in die ganze Welt hinausgetragen wurde. Aus dem Bangen ist Hoffnung geworden.

Unsere ganze Geschichte in der Zeit zwischen der Himmelfahrt und der Wiederkunft des Herrn ist geprägt von dieser Spannung von Bangen und Hoffen. Es geht nie nur abwärts, es geht auch nicht immer aufwärts. Am Ende aber – das ist die Botschaft – siegt die Hoffnung, siegt die Freude. Darum steht über der ganzen Geschichte, das Wort, das Paulus vernahm: »Fürchte dich nicht!«

II. Dieses »Fürchte dich nicht!« oder »Fürchtet euch nicht!« findet sich in der Bibel über dreihundert Mal. Es ist ein Grundwort der Heiligen Schrift. Man kann es auch über unsere Situation schreiben.

Als die Gründerväter des heutigen Europa die Idee eines geeinten Europas entwarfen, war ich ein junger Gymnasiast. Für mich war diese Idee in einer Situation, in der Europa nach einem mörderischen Krieg in Trümmern und Deutschland nach den Gräueln der Nazizeit auch moralisch am Boden war, wie eine Erlösung. Gott sei Dank, hatten wir in der damaligen schwierigen Zeit Männer in der Verantwortung, die sich nicht fürchteten und sich nicht entmutigen ließen. Sie hatten eine Botschaft der Hoffnung.

Das war eine Gnadenstunde für Europa. 70 Jahre Frieden hat sie uns geschenkt, länger als je zuvor in Europas Geschichte. Die Europa-Idee war und ist eine der großen Friedensideen und der großen Leistungen des zuvor sehr dunklen 20. Jahrhunderts. Die Trauer ist in Freude umgeschlagen. Aus Feinden sind Freunde geworden.

Heute ist die Welt rund um den Globus wieder in Gärung. Wir spüren die Wehen der Geburt einer neuen Epoche, von der wir noch kaum die Umrisse erkennen können. Es ist verständlich, dass es sehr vielen Menschen, und wenn wir ehrlich sind, auch uns in dieser Krisensituation angst und bange ist. Doch jede Krise ist auch eine Entscheidungssituation. Sie kann zum *Kairós* werden und zu Gutem führen, sie kann auch in einer Katastrophe enden. Es kommt darauf an, was wir daraus machen. Es kommt auf uns an, ob wir uns von der Angst treiben oder von dem »Fürchte dich nicht!« leiten lassen.

III. Als Christen lassen wir uns vom gestrigen Fest Christi Himmelfahrt ermutigen. Die Botschaft dieses Festes Himmelfahrt ist die Antwort auf die Katastrophe des Karfreitags. Sie sagt uns: »Fürchtet euch nicht!« Jesus Christus ist das Alpha und das Omega, Anfang, Mitte und Ende der Zeiten. Er ist unser Friede. Auf diese Botschaft von Jesus Christus gilt es, sich in der gegenwärtigen Krise zu besinnen. Nur so kann aus der Krise ein Kairós werden.

Die christliche Botschaft schließt niemand aus. Das Christentum hat eine jüdische Wurzel. Antisemitismus hat darum bei uns nichts zu suchen. Die antike humanistische Tradition Athens und Roms ist schon früh eine Synthese mit der biblischen Botschaft eingegangen. Später sind immer wieder neue Völker mit ihren Kulturen und Traditionen hinzugekommen: Kelten, Germanen, Normannen, Slawen und zur Begegnung mit dem Islam kommt es heute, weiß Gott, nicht zum ersten Mal in Europas Geschichte.

Europa hat eine offene Geschichte und eine offene Kultur. Daraus ist kein Kaleidoskop, kein Puzzle eines beliebigen Multikulti geworden, sondern eine Kultur nach dem Maß Jesu Christi, der für alle da ist und für alle sein Leben hingegeben hat. Es ist eine Kultur nach dem Maß des Menschen, auf der Grundlage der Menschenwürde und der Menschenrechte aller Menschen, unabhängig von ihrer Kultur und Religion.

Diese Botschaft erlöst von der Angst, die uns unfrei macht und in die Enge treibt; sie versetzt in Panik und kann zur Hysterie werden. Angst macht anfällig für allzu einfache, trügerische Versprechungen. Ihnen setzt das Evangelium von Christi Himmelfahrt ein anderes Versprechen entgegen. Es gibt nicht der Angst sondern der Hoffnung Recht, dass am Ende die Gerechtigkeit über das Unrecht, die Wahrheit über die Lüge und die Liebe über den Hass siegen. Sie ist der Sieg über die Angst und das Bangen. Sie macht Freude. Sie ist, so schreibt Papst Franziskus Evangelii gaudium, »Freude des Evangeliums«, Amoris laetitia, »Freude der Liebe«.

Augustinus, der große Vordenker des Abendlands, bestimmte den Frieden als Ruhe in dieser Ordnung der Wahrheit und der Gerechtigkeit, der gegenseitigen Anerkennung und des gegenseitigen Respekts. Zwei große Europäer, Papst Paul VI. und Papst Benedikt haben diesen Gedanken weitergeführt; Papst Franziskus baut darauf auf. Er sagt, den Frieden auf der Grundlage dieser Ordnung gibt es nie nicht ein für alle Mal. Er muss immer wieder neu gesucht und gestaltet werden. Eine alle Menschen umfassende gerechte Entwicklung ist das neue Wort für Frieden.

IV. Karl der Große hat nach dem Chaos der Völkerwanderung eine solche Neuordnung versucht. Er hat dazu die besten Geister seiner Zeit nach Aachen gerufen und mit ihnen die Grundlagen für eine Zeitenwende gelegt. Heute stehen wir vor einer neuen Situation. Die Europa-Idee des 20. und 21. Jahrhunderts ist keine Abendland- oder Mittelalter-Nostalgie und kann das auch nicht sein wollen. Sie nimmt das viele Positive wie die Probleme der neuzeitlichen Freiheitsgeschichte in sich auf.

Wie also heute eine Friedensordnung gestalten? Wir können uns nochmals von Augustinus inspirieren lassen. Er sagt, es liegen in der Weltgeschichte von jeher zwei

Arten der Liebe im Widerstreit miteinander. Die weltliche Liebe will besitzen, konsumieren, sucht Ehre und Ansehen, Karriere, Spaß und Lust, und lebt darum stets in Angst vor dem Verlust dieser Ziele. Liebe nach Art der Liebe Gottes dagegen will nicht haben, sie schenkt, gewährt Anteil am Eigenen; sie ist barmherzig und will, wenn wir es weltlich ausdrücken, Solidarität.

Solidarität untereinander und eine vorrangige Solidarität mit den Armen, den Bedrängten aller Art, mit Menschen auf der Flucht ist unsere christliche Kennkarte, unser Identity Document, das christlich einzig gültige Identity Document, das wir vorweisen können. Sie ist die Antwort auf die Zeichen der Zeit. Fremdenfeindlichkeit ist mit Christentum nicht vereinbar. Fremdenhass ist Todsünde.

Nicht Mauern, sondern Brücken gilt es zu bauen. Brücken schütten Gräben nicht einfach zu. Sie ebnen nicht einfach ein und nivellieren nicht alles und jedes. Sie respektieren Unterschiede. Aber sie machen Gräben von beiden Seiten passierbar und machen Begegnung möglich. Etwas abstrakter gesagt: Solidarität schließt Subsidiarität, die Anerkennung der Werte und der Würde jedes Einzelnen und der unterschiedlichen Kulturen und Religionen ein. In diesem Sinn sprach Papst Franziskus in Straßburg im November 2014 von Multipolarität und Transversalität.

Aus einem solchen Friedensprozess, der Gerechtigkeit für alle erstrebt, kann in einer aus der Balance geratenen Welt eine neue Ordnung des Friedens entstehen und aus

der Krise ein *Kairós* werden. Aus Angst und Bangen können neue Zuversicht, Hoffnung und auch wieder neue
Freude keimen. Die Botschaft der Himmelfahrt fordert
uns dazu heraus; sie gibt uns auch den Mut und die
Kraft diesen Weg zu wagen und ihn zu gehen. Himmelfahrt hat das Tor zum Leben auch für Europa neu auf-
gestoßen. »Fürchtet euch nicht!« Amen.

Predigt anlässlich des Karlspreises 2016.
Sankt Peter im Vatikan, 06. Mai 2016

# EUROPA DURCHLEBT EINE SOLIDARITÄTSKRISE

*Martin Schulz*

Heiliger Vater, verehrte Festgäste,

es ist mir eine große Ehre und Freude, in der Sala Regia im Vatikan anlässlich der Verleihung des Karlspreises an Seine Heiligkeit Papst Franziskus zu sprechen. Der Karlspreis ist ein Bürgerpreis, gestiftet von den Bürgern Aachens, meiner Heimatregion an der deutsch-holländisch-belgischen Grenze. Unser Kontinent lag damals (1949) kriegsverheert und kriegsvernarbt noch in Trümmern. Und doch machten sich die Aachener Bürger auf, mit dem Karlspreis die friedliche Einigung Europas zu fördern. Wir, Jean-Claude Juncker, Donald Tusk und ich selbst, als die Präsidenten der drei EU-Institutionen und als frühere Karlspreisträger, wenden uns heute an Sie im Geist der Aachener Bürger.

Heute durchlebt Europa stürmische Zeiten, steht vielleicht sogar vor einer Zerreißprobe. Mehr denn je braucht es mutige Bürgerinnen und Bürger, die sich zur europäischen Einigung bekennen, braucht es Menschen, die uns wach rütteln und daran erinnern, was wirklich wichtig ist: Frieden, Solidarität und gegenseitiger Respekt. Dass es wirklich wichtig ist zu vertiefen, nicht das was uns trennt, sondern zu vertiefen, was uns eint. Genau für diese Botschaft wird heute Seiner Heiligkeit Papst Franziskus der internationale Karlspreis zu Aachen verliehen. Dazu gratuliere ich Ihnen, Eure Heiligkeit, von ganzem Herzen.

Der Papst aus Argentinien, Sohn italienischer Einwanderer, der mit seinem bescheidenen, seinem herzlichen Auftreten Menschen über alle Konfessions- und Glaubensgrenzen hinweg für sich einnimmt, dieser Papst blickt unverstellt von außen auf Europa. Wenn er sagt, dass ein Europa, das auf den Menschen schaut, ein Europa das seine Würde – die Würde dieses Menschen – verteidigt und schützt, dass ein solches Europa ein kostbarer Bezugspunkt für die gesamte Menschheit sei, dann führt Seine Heiligkeit Papst Franziskus uns Europäer auf unsere europäischen Werte und damit auf uns selbst zurück: auf Europas humanistischen Geist.

Unser Bekenntnis zur Menschenwürde, das wir in Europa in einer bewussten Abkehr vom Totalitarismus abgelegt haben, eines Totalitarismus der Menschen in der ersten Hälfte des 20. Jahrhunderts dazu brachte, dass sie ihren Nächsten unvorstellbares Leid antaten, ihre Häuser niederbrannten und ihre Familien auseinanderrissen, dass sie andere Menschen einsperrten, sie folterten, sie töteten – aus diesem Tiefpunkt der Menschheitsgeschichte heraus entstand in der zweiten Hälfte des 20. Jahrhunderts – zunächst in Westeuropa, dann in ganz Europa – ein einzigartiger Gegenentwurf: ein Entwurf von Demokratie und Rechtsstaatlichkeit, von Meinungsfreiheit und grenzüberschreitenden Zusammenarbeit der Völkern. Und das geschah, weil die Gründergeneration eines wusste: Wenn wir Europäerinnen und Europäer untereinander zerstritten waren, dann erging es uns allen schlecht – wenn wir Europäer aber zusammenstanden, dann brachte das gute Zeiten für alle.

Doch heute laufen wir Gefahr, dieses Erbe zu verspielen. Denn die Fliehkräfte der Krisen treiben uns auseinander, anstatt uns enger aneinander zu binden. Nationale Egoismen, die Rhetorik der Renationalisierung, der Rückfall in Kleinstaaterei sind auf dem Vormarsch. Ohne Frage, Europa steht in der Flüchtlingsfrage vor einer epochalen Herausforderung. Seit dem Ende des Zweiten Weltkrieges waren zu keinem Zeitpunkt weltweit mehr Menschen auf der Flucht als heute. Doch die Populisten treiben ihr böses Spiel; sie suchen nicht nach Lösungen, sondern sie schüren Ängste. Angst mag verständlich sein, aber sie ist kein guter Ratgeber für die Politik.

Mit welcher Geschichtsvergessenheit wollen manche fünfundzwanzig Jahre nach dem Fall des Eisernen Vorhangs wieder Mauern und Zäune in Europa errichten und gefährden damit eine der wirklich größten Errungenschaften unserer Zeit – die Freizügigkeit! Und das als ob sich Menschen, die vor der Brutalität des sogenannten Islamischen Staates oder den Fassbomben des Herrn Assads fliehen, von Mauern und Stacheldraht aufhalten lassen würden.

Und ich frage mich mit welcher Realitätsverweigerung wird behauptet, dass Nationalstaaten auf sich selbst gestellt besser dran wären. Als ob wir Europäer uns und unser einzigartiges Gesellschaftsmodell in einer sich immer weiter globalisierenden und enger vernetzten Welt behaupten könnten, wenn sich unser Kontinent in seine Einzelteile zerlegt.

Sehr geehrte Damen und Herren,

natürlich, ich will das klar sagen: Europa durchlebt eine schwere Solidaritätskrise und unsere gemeinsame Wertebasis gerät ins Wanken.

Natürlich kann man behaupten man sei ein katholisches Land und könne deshalb keine muslimischen Flüchtlinge aufnehmen. Einem solchen Denken haben Sie Heiliger Vater, bei Ihrer Reise nach Lesbos, als sie entschieden islamische Flüchtlinge hier im Vatikan aufzunehmen, eine eindeutige Absage erteilt. Deshalb: Jetzt ist es an der Zeit für Europa zu kämpfen. Jetzt müssen alle Europäerinnen und Europäer aufstehen und sich zu unserem Europa bekennen.

Meine Damen und Herren,

Papst Franziskus macht uns Hoffnung, dass dies gelingen kann, wenn er sagt, dass »Schwierigkeiten zu machtvollen Förderern der Einheit werden können«. Er zeigt uns – und besonders jenen Regierungschefs von denen ich gerade sprach –, was gelebte Solidarität, was Menschlichkeit heißt. Und wenn ich die zehntausenden, an die hunderttausenden Freiwilligen denke, die in Lesbos zum Beispiel, oder in Lampedusa, in München oder hier in Rom oder anderswo auf unserem Kontinent den Männern, Frauen und Kindern, die auf der Flucht vor dem Krieg und auf der Suche nach Schutz zu uns kommen, helfen, ihnen Wasser und Brot reichen, ihnen Kleider und Decken geben, wenn ich an diese Menschen denke, wenn ich diese Bilder sehe, dann ist mir um die Zukunft Europas nicht bange. Denn diese Menschen füllen die europäischen Werte der Gerechtigkeit, der Solidarität und der Achtung der Menschenwürde mit Leben. Sie, diese Menschen, zeigen – im Sinne von ihrer Botschaft, Heiliger Vater – den Flüchtlingen und der Welt Europas gutes Gesicht, Europas menschliches Gesicht.

Text des Mitschnitts der
Rede im Rahmen der Verleihung
des Karlspreises 2016.
Es gilt das gesprochene Wort

# Europa, höre die Stimme

*Jean-Claude Juncker*

Wenn Sie, Heiliger Vater, Flüchtlinge im Vatikan aufnehmen, dann machen Sie uns frischen und neuen Mut. Denn Sie leben vor, dass Solidarität und Nächstenliebe keine Lippenbekenntnisse sein dürfen, sondern Werte, die uns immer wieder zu Haltung auffordern und zum Handeln verpflichten.

Deshalb trauen Sie auch uns, den Erben der Aufklärung, viel mehr zu, als wir uns selber zutrauen, und das zu Recht. Denn Europa – das ist mehr als nur Institutionen, als Prozesse, als Kriterien, als Prozentsätze. Europa – ist mehr als eine gehobene Freihandelszone, mehr als eine Zweckgemeinschaft. Eine Zweckgemeinschaft wo man an dem einen Tag Vollzeiteuropäer ist, weil man alles bekommt, und am anderen Tag Teilzeiteuropäer sein möchte, weil man etwas abgeben muss. Europa – das ist für mich die Vereinigung der besten Kräfte, die in den Europäern stecken.

Europa – das ist der Student, der dank des Erasmusprogrammes in einem anderen Land studieren kann, manchmal sogar verlieben kann. Man hat mir neulich gesagt – und ob das stimmt, weiß ich nicht –, und ich glaube Herr Schulz hat mir das gesagt, als Propagandatrommler Europas, dass eine Million Menschen dank des Erasmusprogrammes geheiratet haben. Und das sind auch Ehen die halten – im Übrigen! Europa – das ist der Unternehmer, der überall in der Europa seine Talente entfalten kann. Europa – das ist der Arbeitnehmer, der sich frei auf dem europäischen Arbeitsmarkt bewegen kann und bewegen muss und weiterhin bewegen wird. Dieses Zusammenwirken der Menschen über Grenzen hinweg, verbindet uns immer enger, Tag für Tag, und schafft eine kontinentale Atmosphäre die unsere Verträge und unsere Vereinbarungen überstrahlt. Genau diese Fähigkeit – gemeinsam zu arbeiten, Teilung zu überwinden, Brücken zu bauen – werten Sie, Heiliger Vater, als eine besondere Stärke der Europäer. Und wir nehmen uns Ihre Worte zu Herzen, denn wir können noch besser werden als wir sind. Wir können eigentlich nur noch besser werden, als wir sind.

Schon als Kind habe ich gelernt, dass der kontinentale Friede ein hohes Gut ist. Mein Vater wurde überzeugter Europäer in der russischen Gefangenschaft, an den Frontabschnitten, überall in Europa. Er wurde überzeugter Europäer weil er durch Nichteuropäer in den Krieg hineingezwungen wurde. Und ich stehe als sein Erbe bereit genau dieses Bekenntnis und diese Erfahrung weiterzutragen.

Europa ist die bewusste Entscheidung für das Gegenteil dessen, was die Generation unserer Eltern erleben musste.

Europa das ist das gelebte Bekenntnis zur Würde des Menschen, zu Miteinander und sozialem Frieden. Was für eine Errungenschaft das ist, vergessen wir manchmal im Alltag – und deshalb schätze ich es sehr, Heiliger Vater, dass Sie uns ins Gewissen reden und uns daran erinnern, dass wir unsere Verantwortung und unser gewaltiges Potenzial besser ausschöpfen müssen – für soziale Gerechtigkeit, für den Ausgleich zwischen den Menschen und den Völkern, für Flüchtlinge, vor denen wir keine Angst haben sollten. In der Tat ist diese europäische Kraft des Gemeinsamen in Zeiten innerer und äußeren Bedrohung besonders wichtig.

Sie, Heiliger Vater, haben in Sarajewo die Jugend aufgerufen, »ihre Augen nicht vor den Schwierigkeiten zu schließen«, in der Enzyklika *Laudato si'* schreiben Sie, dass wir »keine bessere Zukunft aufbauen können, ohne an die Umweltkrise und die Leiden der Ausgeschlossenen zu denken«, und den Terroranschlägen in Brüssel setzen Sie eine »Geste der Brüderlichkeit« entgegen, indem Sie Migranten unterschiedlicher Glaubensrichtungen die Füße wuschen. Damit erinnern Sie uns jedes Mal daran, dass der Auftrag Europas fortbesteht, in unserem Teil der Welt und darüber hinaus Frieden zu stiften. Denn das Leid der Welt geht auch uns an. Eine stabilere Welt bedeutet ein stärkeres Europa. Das Leid der Welt ist auch unser Leid, unsere Angelegenheit.

Dies war nie eine leichte Aufgabe, und sie wird es niemals sein. Aber ein Rückzug in unsere eigene kleine Behaglichkeitszone ist keine Lösung. Das europäische Projekt hat sich nicht überholt, es ist aktueller denn je. Wir müssen also zum Mut unserer Vorgänger zurückfinden, Schwierigkeiten anzupacken, um sie zu überwinden und sich der Geschichte nicht zu unterwerfen, sondern sie zu gestalten. *Audaces fortuna juvat – den Tapferen hilft das Glück.* Das schulden wir den jungen Europäern.

Ich weiß um deren Großzügigkeit und deren Willenskraft. Ich höre die Stimmen all dieser jungen Menschen, die den Krieg nicht gekannt haben, die aber Zeugen und Opfer des zerstörerischen Hasses anderer sind: Heute! Sie müssen *Nein* sagen zur Intoleranz, zum Rassismus, zur Zurückweisung des Anderen, *Ja* sagen zu unserer Lebensweise in der Gemeinschaft demokratischer und freier Gesellschaften – vielfältiger Gesellschaften – in denen wir die Freiheit des Denkens und des Reisen genießen können. Wir begehen den fünfundzwanzigsten Jahrestag der Öffnung Europas im November – ein solidarisches Europa, das die Schwächeren besser achtet. Die anderen Erdteile schauen auf uns und verstehen nicht unser Zögern, unsere Fragestellungen, sie verstehen nicht diejenigen die in Europa die Grundfesten der Integration des Kontinentes in Frage stellen. Sie verstehen nicht wie der Populismus – der gefährliche und dumme Populismus – über uns hereinbrechen kann, der Europa zu zerstören droht, das wir so geduldig, Schritt für Schritt, aus Überzeugung aufgebaut haben, im Laufe der Jahrzehnte. Europa und seine Vereinigung sind Ihnen sehr teuer, Heiliger Vater, das ist mir bewusst. Sie ermutigen uns Phantasie, Kreativität, Talent und Energie in einen neuen Elan zu bündeln, um aus Europa ein Vorbild zu machen, oder wieder zu machen.

Um den Aufbruch Europas zu vollenden brauchen wir Geduld und Entschlossenheit. Diese Geduld, diese Entschlossenheit, die man immer braucht, wenn man große Ziele auf langen Wegen erreichen will.

Heiliger Vater, darf ich als alter Europäer meinerseits – als Alter, aber nicht aus der Mode gekommener –, als ein entschlossener und moderner Europäer – jeder schaut in die Zukunft – inspiriert von Ihren Worten und Gesten, Ihnen aus ganzem Herzen und voller Hoffnung, mein Glückwunsch zur Verleihung des Karlspreises zu Aachen aussprechen.

Text des Mitschnitts der
Rede im Rahmen der Verleihung
des Karlspreises 2016.
Es gilt das gesprochene Wort

45

# Wie soll Europa sein?

*Donald Tusk*

Heiliger Vater, verehrte Gäste,

Politik und Religion haben letztendlich ein gemeinsames Ziel in dieser Welt – und dieses Ziel ist nicht die Macht über andere, wie manche hoffen mögen. Dieses gemeinsame Ziel ist die Linderung von Leid und Unheil. Simone Weil erzählte einmal folgende Geschichte: Ein Unglücklicher lag auf der Straße – halb verhungert. Gott hat Mitleid mit ihm, doch er kann ihm kein Brot schicken. Es kommt jedoch ein Mensch vorbei, und zum Glück ist er nicht Gott; er kann ihm ein Stück Brot geben. Nur in diesem einen Punkt ist der Mensch Gott überlegen. Nur Menschen können anderen Menschen zu essen geben. Dies gilt auch für Menschen des Glaubens und Menschen in der Politik – jeder auf seine Weise und mit seinen Mitteln.

Deshalb begrüße ich voller Freude die Vision der Kirche des Heiligen Vaters. Eine Kirche – um es mit Ihren Worten auszudrücken – als Feldlazarett und nicht als Zollhaus. Ich bin zutiefst überzeugt, dass heute in diesen unsicheren Zeiten tiefgreifender Veränderungen und dramatischer Herausforderungen alle Gläubigen und Nichtgläubigen eine Kirche brauchen, die niemanden ausschließt, sondern vielmehr alle einschließt. Eine Kirche, die auf Prunk verzichtet, um den Armen zu helfen; eine Kirche, die in ihrer Liebe radikal ist und das Urteilen Gott überlässt.

Eine Kirche, die den Menschen und ihrer Freiheit eher vertraut als der Allmacht und dem Allwissen von Institutionen; eine Kirche, die Menschen, deren Leben zerrüttet ist, Hoffnung und nicht Verdammung bringt.

Eine Kirche, die nur Güte verbreitet, aber nie und nirgends Angst, Verachtung oder Zorn. Das ist die Kirche, die wir alle brauchen.

Heiliger Vater, ich bin davon überzeugt, dass Sie bei Ihrem ersten Besuch in Polen, bei dem Sie junge Menschen aus aller Welt treffen wollen, auch die große Wärme und Gastfreundschaft meiner Landsleute erleben werden. Polen ist und bleibt in Europa – das steht außer Frage. Die Frage, die uns der Heilige Vater stellt, ist vielmehr: wie sollte dieses Europa sein? Mitfühlend und hilfsbereit oder abweisend und egoistisch? Gegründet auf die zutiefst christlichen Grundsätzen der Menschenrechte, der bürgerlichen Freiheiten und der Achtung eines jedes Menschen oder auf den heidnischen Kult von Gewalt und Verachtung?

Und jetzt folgt ein Zitat aus einem Gebet des heiligen Franziskus – das ist für mich wichtig, aber auch für mein ganzes Land. Herr Erzbischof Gocłowski hat dieses Zitat einmal verwendet. Das ist ein Mensch, den heute meine Geburtsstadt Danzig verabschiedet: *Herr, Gott lass uns dort Frieden stiften, wo Böses geschieht. Überall sorge dort für Einheit, wo Leute verzweifelt sind. Leite das Licht, überall dort wo Dunkelheit herrscht und sähe dort Freude wo Menschen trauern.*

Wir sind in Europa, wir bleiben Europäer. Ich möchte dies ungern als eine rein geografischer oder ausschließlich politischer Sicht verstanden wissen. In erster Linie ist dies eine wertephilosophische und metaphysische Aussage. Europa ist gewissermaßen ein *Glaubensgrundsatz.*

Warum sollten wir auf Europa stolz sein? Warum sollen wir uns um Europa sorgen, es notfalls schützen oder verteidigen? Weil hier noch immer der Geist der Liebe und der Freiheit zu spüren ist. Bitte sehen Sie mir diese vielleicht übertriebene Formulierung nach, die dem feierlichen Charakter dieser Zeremonie geschuldet ist. Wir können stolz auf Europa sein, weil Europa, Heiliger Vater, Ihnen noch immer ähnelt. Wenn es Ihnen einmal nicht mehr gleicht, wird es auf einen geografischen Begriff und eine leere politische Worthülse reduziert sein. Einfach gesagt, Sie sind der Heilige Vater der Hoffnung.

Ich danke Ihnen.

Text des Mitschnitts der
Rede im Rahmen der Verleihung
des Karlspreises 2016.
Es gilt das gesprochene Wort

# Wegschauen geht nicht mehr« —
## Grusswort

*Marcel Philipp*

Heiliger Vater,
verehrte Festgäste,

der internationale Karlspreis von Aachen lenkt Jahr
für Jahr den Blick auf den Fortgang des Einigungsprozes-
ses in Europa. Es fällt uns in diesem Jahr schwer etwas
positives, etwas optimistisches zu sagen. In einer Zeit vielfacher Krisen besteht mehr als jemals zuvor in der Geschichte der EU die Gefahr, dass Europa zerbricht. An
nationalen Egoismen, an Fragen der Migration, der Si-
cherheit, der Werte.

In tiefer Sorge um den Zusammenhalt Europas kommen
wir deshalb heute hierher, in die Sala Regia des Apostolischen Palastes im Vatikan. Wir sind dankbar, hier gemeinsam ein Zeichen setzen zu können für die moralischen Grundlagen Europas, für die menschlichen
Werte, für einen Kontinent, in dem Vertrauen, Respekt
und Barmherzigkeit nicht verloren gehen dürfen.

Und so begrüße ich Sie, Heiliger Vater, im Namen aller
Festgäste auf das Herzlichste und danke Ihnen, dass wir
uns hier versammeln dürfen zur Verleihung des Internationalen Karlspreises 2016.

Zu Ehren des designierten Preisträgers heiße ich die Spitzen der Europäischen Union und früheren Karlspreisträger herzlich willkommen, den Präsidenten des Europäischen Parlaments, Herrn Martin Schulz, den Präsidenten des Europäischen Rates, Herrn Donald Tusk, und den Präsidenten der Europäischen Kommission, Herrn Jean-Claude Juncker.

Wir freuen uns sehr über die Anwesenheit des Königs von Spanien, Seiner Majestät Felipe VI. und Seiner Königlichen Hoheit, Großherzog Henri von Luxemburg sowie der Staatspräsidentin der Republik Litauen, Frau Dalia Grybauskaité.

Ich freue mich besonders, eine Persönlichkeit begrüßen zu können, die in den vergangenen Monaten einmal mehr trotz vielfacher Kritik überaus beharrlich für ein gemeinschaftliches Vorgehen in Europa gestritten hat: ein herzliches Willkommen der Bundeskanzlerin der Bundesrepublik Deutschland, Frau Angela Merkel.

Unser herzlicher Gruß gilt dem Ministerpräsidenten der Republik Italien, Herrn Matteo Renzi.

Ein besonderer Gruß gilt weiteren anwesenden Karlspreisträgern vergangener Jahre sowie Mitgliedern verschiedener Parlamentspräsidien und Regierungsinstitutionen, allen Abgeordneten des Europäischen Parlaments, des Deutschen Bundestages und des Landtages Nordrhein-Westfalen, den Vertretern des Diplomatischen und Konsularischen Korps, den Vertretern der Kirchen und Religionsgemeinschaften, den Vertretern zahlreicher Institutionen und den mitgereisten Bürgerinnen und Bürgern aus Aachen.

Und bitte erlauben Sie mir, einen besonderen Gruß an diejenigen zu richten, die jetzt im Aachener Krönungssaal die Übertragung verfolgen: Heute besteht ein enges Band zwischen der Kaiserpfalz Karls des Großen und dem Vatikan. Ich freue mich, dass Sie auf diese Weise teilhaben an einer für uns alle außergewöhnlichen Karlspreisverleihung, seien Sie uns herzlich willkommen.

Frieden und Zusammenhalt in Europa, das ist die Jahrhundertaufgabe, um die sich so viele nach den Schrecken des Zweiten Weltkriegs verdient gemacht haben.

Der Erfolg des europäischen Einigungsweges ist beachtlich: 70 Jahre mit Demokratie und ohne Krieg haben uns stark gemacht. Für gemeinsame Aufgaben sind gemeinsame Strukturen entstanden, die wirtschaftliche Stärke und der hohe Lebensstandard in weiten Teilen des Kontinents wirken anziehend weit über die Grenzen Europas hinaus. Und doch empfinden wir heute Hilflosigkeit. Die großen Leitlinien der europäischen Entwicklung scheinen in der konkreten Umsetzung so kompliziert zu werden, dass manchen der Weg einer Renationalisierung leichter und damit attraktiver erscheint.

Hier in Rom wurde 1957 mit den Römischen Verträgen ein bedeutender Meilenstein der Europäischen Einigung gesetzt. Auch zu dieser Zeit wurde bereits von großen Krisen gesprochen, als die Bemühungen gescheitert waren, zu einer Europäischen Verteidigungsgemeinschaft zu kommen. Damit war auch der Weg zur damals angestrebten Europäischen Politischen Gemeinschaft versperrt. Diese Krise hat aber dann den Fokus auf die wirtschaftliche Zusammenarbeit gelenkt und letztlich einen der wichtigsten Schritte zur Einheit Europas, zunächst der ersten sechs Länder, hervorgebracht. Die Krise war also Anlass sich selber zu finden. Und das war möglich, obwohl Großbritannien auf halbem Weg aus den Verhandlungen ausgestiegen war.

Was dann im Palazzo Senatorio unterzeichnet wurde, war nicht weniger als die Gründung der Europäischen Wirtschaftsgemeinschaft und zusätzlich die Gründung des EURATOM-Verbundes und der Vertrag über gemeinsame Organe für die Europäischen Gemeinschaften.

Diese stabile Grundlage ist auch heute noch von entscheidender Bedeutung. Die aktuellen Herausforderungen benötigen aber ein Fundament, das heute nicht mehr vollständig vorhanden ist. Dieses Fundament ist das gemeinsame Bewusstsein für die europäischen Werte und für die Lehren aus der Geschichte eines über Jahrhunderte in Kriegen versunkenen Kontinents. Die Werte, die es wieder zu entdecken und zu stärken gilt, sind ganz wesentlich christliche Werte.


Die Erosion des kulturellen und moralischen Fundamentes in Europa ist beängstigend. Schon lange hätten wir es erkennen können: Rechtsextreme Parolen und Strukturen der Renationalisierung dringen in die Mitte der Gesellschaft vor, der veränderte Umgang mit Medien blendet in weiten Teilen die Wirklichkeit aus. Das Konsumverhalten des reichen Europas ist beschämend, in Teilen zerstörerisch. Und plötzlich klopft die Globalisierung an unsere Tür. Sie hat ein Gesicht, und dieses Gesicht sieht anders aus, als wir vor Monaten noch geglaubt haben. Es schaut uns an und berichtet von Furcht, Vertreibung, Armut, Hunger, von Krankheit, Krieg und Tod. Es ist das Gesicht eines Menschen, es sind die Gesichter vieler Menschen.

Wegschauen geht nicht mehr. Europa muss sich seiner globalen Verantwortung stellen. Das heißt nicht, weltweit jedes Problem lösen zu können oder für dessen Entstehen verantwortlich zu sein, aber es bedeutet, Menschlichkeit zu leben. Allein das ist eine Aufgabe, die so groß ist, dass wir das nur gemeinsam schaffen, oder gar nicht. Familien schaffen es nur gemeinsam, Städte schaffen es nur gemeinsam, Europa schafft es nur gemeinsam, oder gar nicht.

Also: Schaffen wir das? Sind wir stark genug, einig genug, menschlich genug? Europa hat immer wieder bewiesen, dass Krisen überwunden werden. Der Plan zur Beherrschbarkeit dieser Krise ist die Stabilität der Werte: Sie sind vermehrbar in uns allen.

Papst Franziskus ist für diesen schwierigen Weg Europas ein großes Glück. Der Heilige Vater schaut mit dem Blick der südlichen Hemisphäre auf Europa und sieht klar und ohne den Wohlstandsschleier als oberster Hirte der weltweiten Gemeinschaft der katholischen Kirche unseren verzerrten und in Widersprüche verstrickten Kontinent. Die christliche Botschaft ist für ihn dabei ebenso wichtig wie die Offenheit für den interreligiösen Dialog. Ein besonderes Geschenk ist dabei das Heilige Jahr, das Jahr der Barmherzigkeit, die ein verbindendes Element sowohl des christlichen als auch des jüdischen und des muslimischen Glaubens ist.

Wir erleben als Ursache vielfachen Leids, dass Religionen von Extremisten fehlgedeutet und benutzt werden, und wir erleben die Anfälligkeit vieler Menschen für absurde Heilslehren, die in Gewaltexzessen münden. Diese Probleme sind nicht lösbar durch Reorganisation staatlicher Strukturen, sondern nur durch Hinwendung zu den Menschen. In dieser Beziehung ist ein Neustart Europas nötig. Wir brauchen eine Debatte über unsere gemeinsame Interpretation der Freiheitsrechte, der Menschenwürde, der Demokratie und der Rechtsstaatlichkeit. Wer Vertrauen haben kann in die Gemeinschaft, der ist immun gegenüber Hass und Extremismus.

Die Einsicht, dass Europa sich teilweise neu definieren muss, erfordert einen unverstellten Blick, einen Blick von außen. Sind wir nicht der stärkste Kontinent der Erde, wirtschaftlich erfolgreich, innovativ, reich an Kultur, voller sozialer Standards und begehrtester Zufluchtsort?

Wirtschaftliche Stärke ermöglicht soziale Errungenschaften, aber es besteht die Gefahr einer Dekadenz, eines Verfalls von Moral und Kultur. Ein verschobenes Weltbild, unsolidarisches Verhalten und neue Egoismen werden auf unterschiedliche Weise in allen Teilen Europas sichtbar.

Eine Folge davon ist die Tendenz zur Abschottung – sowohl einzelner Nationen als auch Europas insgesamt. Aber Mauern und Zäune lösen dauerhaft keine Probleme. Sie bekämpfen nur Symptome, die auch durch unzureichende Unterstützung gesellschaftlicher und wirtschaftlicher Strukturen außerhalb Europas entstanden sind. Wer reich ist, der hat Verantwortung. Der Reichtum Europas verpflichtet zu weitsichtigerem und solidarischerem Handeln, als es bisher geschehen ist.

Dieser Verantwortung gerecht zu werden ist nicht anonymen Strukturen zu überlassen, sondern sie trifft die Menschen in ihrem Kern, in ihrer Haltung, in ihrem täglichen Handeln, sie trifft jeden Einzelnen, ob politisch aktiv oder nicht, ob jung oder alt, überall in Europa. Die Möglichkeiten, solidarische Beiträge zu leisten sind ungleich verteilt, aber in der Summe haben die Menschen Europas die Kraft, die Welt zu einem besseren Ort zu machen.

Diese Karlspreisverleihung ist ein gemeinsamer Ordnungsruf, der zu geistiger Orientierung aufruft und die Leitlinien des politischen Handelns in Europa zum Thema macht, weil diese Basis brüchig geworden ist.

Die Geschichte zeigt, dass Krisen in der Europäischen Union immer wieder erfolgreich bewältigt werden konnten, neue Wege wurden erschlossen, und letztlich wurde die Einheit immer weiter gestärkt. Vielleicht ist es heute besonders schwierig. Aber mit Mut, mit dem Wissen um die eigenen Stärken, mit dem Bewusstsein für die Verant-

wortung Europas in der Welt und vor allem mit der Besin-
nung auf unsere humanitären Werte ist es möglich.

Verehrter Heiliger Vater, der Weg dorthin erfordert mah-
nende Stimmen wie die Ihre. Für die Kraft und die Klarheit, mit der Sie diese Aufgabe annehmen, verleihen wir
heute den Internationalen Karlspreis 2016.

# »Zurück zu den Gründervätern Europas!?«

## Dr. Hans-Gert Pöttering

Herr Präsident des Europäischen Parlaments, lieber Martin Schulz, meine sehr geehrten Damen und Herren!

»Möge aus dem Bewusstsein des gemeinsamen Erbes und der großen Tradition unseres europäischen Kontinents für uns alle eine bessere Zukunft erwachsen.« Diese Worte sprach Konrad Adenauer 1954 – anlässlich seiner Auszeichnung mit dem Karlspreis.

Das »gemeinsame Erbe unseres europäischen Kontinents« reicht zurück bis zu Karl dem Großen; dem Mann, der dem Karlspreis Namen und Idee gab; dem Mann, der sein Reich auf der Grundlage des Christentums, des Lateinischen und der antiken Überlieferung kulturell zu einigen begann. Dies wirkt bis heute nach. Es leitete die Entwicklung Europas zu einem, bei allen regionalen Unterschieden, relativ einheitlichen Kulturraum ein.

Auch dieser Ort geht auf Karl den Großen zurück: Campo Santo Teutonico. Der Name zeigt es: ein Ort mit deutscher Geschichte – und ein Ort europäischen Zusammenseins: Gegründet als Begegnungsstätte für Pilger aus dem damaligen Frankenreich, wohl im Jahr 774.

Heute, mehr als zwölfhundert Jahre später, an Christi Himmelfahrt, begegnen wir einander hier aus einem ausgesprochen erfreulichen, einem zutiefst europäischen Anlass: der morgigen Verleihung des Karlspreises an Papst Franziskus!

Als Vorsitzender der Konrad-Adenauer-Stiftung danke ich dem Campo Santo Teutonico und der Stiftung Internationaler Karlspreis zu Aachen für die intensive und erfolgreiche Zusammenarbeit, die diese Veranstaltung ermöglicht hat. Mein Dank gilt Ihnen, dem Rektor des Campo Santo Teutonico, lieber Hans-Peter Fischer, dass wir heute an diesem historischen Ort zusammenkommen dürfen. Er gilt Ihnen, lieber Jürgen Linden, dem Vorsitzenden des Direktoriums des Karlspreises. Und er gilt dem Oberbürgermeister der Stadt Aachen, gleichfalls Mitglied des Karlspreisdirektoriums und des Stiftungsrates – er gilt Ihnen, lieber Marcel Philipp.

»[…] der Papst »vom anderen Ende der Welt«« – ein »Mahner und Mittler« – erinnert uns daran, »dass Europa den Auftrag und die Verpflichtung hat, aufbauend auf den Idealen seiner Gründerväter Frieden und Freiheit, Recht und Demokratie, Solidarität und die Bewahrung der Schöpfung zu verwirklichen«. So heißt es in der Begründung für die Verleihung des Internationalen Karlspreises an Papst Franziskus (vgl. S. 66f.).

Die Gründerväter Europas: Sie begannen vor über 65 Jahren – in diesem Jahr jährt sich zum 66. Mal die Verkündung des Schuman-Planes, die »Geburtsstunde Europas« – nach den Schrecken des Zweiten Weltkriegs ein friedliches Europa aufzubauen.

Es waren in ihrem christlichen Glauben verbundene Politiker wie Konrad Adenauer und Robert Schuman, Jean Monnet und Alcide De Gasperi – aufgrund ihrer Verdienste um Europa allesamt Träger des Karlspreises. Ihr Impuls war es, die verfeindeten Nationen Europas zu versöhnen. Weitere Kriege sollten durch eine enge Verflechtung unmöglich werden. Bei ihren Ideen stand stets der Mensch im Mittelpunkt. »Nicht Staaten vereinigen wir, sondern Menschen«, erklärte Jean Monnet.

Die Gründerväter Europas haben möglich werden lassen, was für die ehemaligen Kriegsgegner lange Zeit unmöglich schien: Vergebung, Versöhnung und Brüderlichkeit – Kernelemente der christlichen Lehre. Dies ist auch unser Auftrag heute und für die Zukunft.

Damals war nicht vorhersehbar, dass dies die längste Friedensperiode in der Geschichte Europas einleiten würde. Das Ziel aber, formuliert von Robert Schuman, wies den Weg. Der erste Satz seiner historischen Erklärung vom 9. Mai 1950 war ambitioniert und eindeutig: »Der Friede der Welt kann nicht gewahrt werden ohne schöpferische Anstrengungen, die der Größe der Bedrohung entsprechen.«

Robert Schumans Worte sind unverändert aktuell: Auch wir müssen heute »Anstrengungen, die der Größe der Bedrohung entsprechen«, unternehmen, wenn wir Not und Elend auf der Welt überwinden, Krisen und Konflikte beenden, den internationalen Terrorismus bekämpfen oder den Klimawandel eindämmen wollen.

Die Gründerväter Europas hatten die »Größe der Bedrohung« am eigenen Leib erfahren: Auseinandersetzungen um Grenzen und Grenzräume zwischen den Staaten Europas. Die Grenzregionen hatten unter den europäischen Kriegen besonders gelitten. Die Mahnung der Gründungsväter an uns heute ist: Nie wieder Grenzen zwischen den Ländern der Europäischen Union. Nie wieder Grenzen und Mauern in den Köpfen der Menschen. Nie wieder Hass, Feindschaft und Gegnerschaft zwischen den europäischen Völkern.

Die Gründergeneration war zutiefst durchdrungen von der Notwendigkeit, den Nationalismus zu überwinden, der Europa in die tiefste Krise seiner Geschichte geführt hatte. Mit ihrem Bekenntnis zu einem supranational geeinten Europa setzten sie das übernationale Wertesystem – das ihr katholischer Glaube ihnen mitgegeben hatte – in ein zukunftsfähiges politisches Konzept um.

Den Gründervätern gab das Christentum eine besondere Orientierung. Alcide De Gasperi formulierte es so: »Der Glaube gibt uns Halt und er ist eine konstruktive Kraft, wenn es darum geht, ein großes politisches und menschliches Ideal zu realisieren, wie es die europäische Einigung darstellt.«

Aber nicht nur Katholiken haben in der Gründungsphase an der europäischen Einigung mitgewirkt, sondern auch andere große Persönlichkeiten wie Paul-Henri Spaak und Altiero Spinelli sowie viele weitere Frauen und Männer.

Ohne seine christlichen Wurzeln aber ist das vereinte Europa nicht vorstellbar. Das Christentum ist ein starkes Band, das uns zusammenhält – trotz aller Unterschiede im Einzelnen, in Traditionen und kulturellen Besonderheiten. Das mag uns nicht immer bewusst sein. Der große Theologe und Philosoph Karl Rahner hat einmal vom »anonymen Christentum« gesprochen.

Frieden, Freiheit und Gerechtigkeit, Solidarität, sprich: Nächstenliebe, die Achtung der Menschenwürde und die Bewahrung der Schöpfung sind die grundsätzlichen christlichen Werte.

Im Mittelpunkt all unserer politischen Überlegungen muss stets die Würde des Menschen stehen. Sie gilt für alle: Christen, Moslems, Juden, alle Bekenntnisse und Nicht-Gläubigen. Diese Überzeugung leitet sich unmittelbar aus dem Christentum ab. Die Europäische Union ist auch nur dann eine glaubwürdige Wertegemeinschaft, wenn die Würde jedes einzelnen Menschen Maßstab für jede unserer Initiativen, Beschlüsse und Handlungen ist.

Wir müssen unsere für das vereinte Europa wichtigen Werte an die nachfolgenden Generationen weitergeben. Das sind wir allein schon den Gründervätern schuldig. Am ehesten gelingt dies, indem wir unsere Werte und unsere Grundsätze tagtäglich leben und uns für sie einsetzen. Auch deswegen entsteht beim Europäischen Parlament in Brüssel ein »Haus der Europäischen Geschichte«.

Die christlichen Werte sind dabei für uns eine Grundlage, um verantwortungsvoll Politik zu gestalten. Sie bilden seit dem Beginn des europäischen Einigungsprojekts eine Voraussetzung für eine gute, gemeinsame Zukunft in Frieden und Freiheit, mit Demokratie und

Recht – eine Zukunft, die durch die Prinzipien von Solidarität und Subsidiarität gestaltet wird.

In der *Charta der Grundrechte*, die am 12. Dezember 2007 im Europäischen Parlament in Straßburg feierlich unterzeichnet wurde und Bestandteil des Vertrages von Lissabon ist, haben wir diese unsere Werte, Prinzipien und Ideale kodifiziert.

Die Verleihung des Karlspreises an Papst Franziskus sollte uns Mahnung und Ermutigung sein, unsere europäischen Werte, die eine Antwort sind auf die Tragödien der europäischen Geschichte, mutig und entschlossen zu vertreten gegenüber denjenigen, die in die Vergangenheit zurück wollen, Nationalismus predigen und damit die Lehren aus der europäischen Geschichte verraten.

Wenn wir uns stets auf diese Werte im gemeinsamen Miteinander besinnen, dann – davon bin ich überzeugt – wird die Europäische Union eine gute Zukunft haben. Die Europäische Union ist dabei weder das Paradies, noch ist sie die Hölle: Sie ist eine Schicksalsgemeinschaft, in der wir uns als Christen und als Demokraten bemühen, möglichst viele von unseren Werten und Idealen zu verwirklichen.

Der diesjährige Träger des Karlspreises, Papst Franziskus, bringt sich immer wieder in Debatten über die Zukunft des vereinten Europas ein. Dabei betont er wiederholt die Verbindung von Christentum und Europa.

In seiner Rede vor dem Europäischen Parlament im November 2014 forderte er: »Es ist der Moment gekom-

men, den Gedanken eines verängstigten und in sich selbst
verkrümmten Europas fallen zu lassen, um ein Europa zu
erwecken und zu fördern, das ein Protagonist ist und Träger von Wissenschaft, Kunst, Musik, menschlichen Werten und auch Träger des Glaubens ist.« Papst Franziskus –
so heißt es weiter in der Begründung für die Verleihung
des Karlspreises – sendet eine Botschaft der Hoffnung
und Ermutigung für ein Europa, in dem viele Bürger
nach Orientierung suchen.

Die vielfältigen Herausforderungen für Europa –
allen voran die Flüchtlingskrise – bedürfen gerade jetzt
Zeichen der Verständigung, der Toleranz und der Solidarität. So hat uns der Besuch des Papstes auf der griechischen Insel Lesbos – zusammen mit dem Oberhaupt
der orthodoxen Kirche, Patriarch Bartholomäus, – vor
einigen Wochen tief beeindruckt. Papst Franziskus zeigte
Verständnis für die Sorgen sowohl der Flüchtlinge als
auch für jene Länder, die sich bislang einer gemeinsamen europäischen Lösung verweigern. Aber, so der
Papst: Nur gemeinsam können menschenwürdige Lösungen für die komplexe Flüchtlingsfrage gesucht werden.

Bereits in seiner Rede vor dem Europäischen Parlament hatte er gemahnt: »Man kann nicht hinnehmen,
dass das Mittelmeer zu einem großen Friedhof wird!«.
Er appellierte, dass »Europa seine gute Seele wiederent-
deckt«.

Die Europäische Union darf sich nicht damit begnü-
gen, nur auf Herausforderungen und Probleme zu reagie-

ren. Sie muss Krisen abwenden oder gemeinschaftlich meistern können. Unser Anspruch muss sein, globale Entwicklungen mitzugestalten und Führung zu zeigen. Nur so wird es uns gelingen, unsere Werte in der Welt zu vertreten!

Unabhängig vom Krieg in Syrien werden wir uns weiter mit der Migration nach Europa beschäftigen müssen. Wir stehen bei dieser Herausforderung erst am Anfang. Das wird umso deutlicher, wenn wir auf die ärmeren Regionen der Welt blicken, vor allem im Nahen Osten und in Afrika. Auch die Menschen dort suchen ein Leben in Würde, vor Arbeit, Bildung und Gesundheit. Auch sie sind Menschen, die bereit sind, ihre Heimat aufzugeben und ihr Leben dafür aufs Spiel zu setzen.

Das vereinte Europa trägt große Verantwortung. Die Solidarität gebietet uns, die Partnerschaft mit den arabischen und afrikanischen Ländern zu intensivieren. Wir müssen ihnen Hilfe und Unterstützung geben, damit sie die Lebensqualität ihrer Bürger erhöhen können.

Die bedrückenden Bilder von Flüchtlingen, von Menschen, die noch immer vor den europäischen Küsten elendig ertrinken, dürfen uns nicht ruhen lassen. Das Risiko, dem sich Flüchtlinge hunderttausendfach aussetzen, einzig getragen von der Hoffnung auf ein besseres Leben, ist Ausdruck der Verzweiflung, die in ihren Heimatländern herrscht. Wir würden unsere Werte verraten, wenn Stacheldraht, Tränengas, Wasserwerfer und Hundestaffeln unsere Mittel wären, Flüchtlinge von der Europäischen Union fernzuhalten. Wenn sich Repräsen-

tanten einer neuen Partei in Deutschland vorstellen können, auf Flüchtlinge zu schießen, dann ist das Ausdruck
totalitären Denkens, wie wir es im Nationalsozialismus
und Kommunismus bitter erfahren mussten. Mich be-
drückt es, wenn verantwortliche Persönlichkeiten in
Mitgliedsstaaten der Europäischen Union sich als Vertei-
diger des *christlichen Abendlandes* ausgeben, aber sich
einer kalten, unmenschlichen Sprache gegenüber Flüchtlingen bedienen.

Eine an der menschlichen Würde orientierte Gestal-
tung der Außengrenze der Europäischen Union, die eine
geordnete Zuwanderung ermöglicht, ist die wohl größte
gegenwärtige und zukünftige Herausforderung für uns
alle. Wenn etwa Griechenland und Italien diese Aufgabe
nicht allein bewältigen können, dann dürfen die anderen
sie damit auch nicht allein lassen, sondern müssen solida-
risch helfen.


Unsere kulturelle Identität in Europa hat so viele Erschei-
nungsformen wie sie stark ist. Mit der Europäischen
Union begann der erfolgreiche Versuch, die vielfältige
kulturelle Identität in eine gemeinsame politische Identität zu überführen. Dabei ist unser Bekenntnis zu unserer
jeweiligen Heimat, unserem Vaterland und Europa kein
Gegensatz, sondern diese drei Identitäten verbinden sich
zu einer, nämlich europäischen Identität der »Einheit in
Vielfalt«.

Auch künftig ist von zentraler Bedeutung, dass wir
uns unserer geistigen und religiösen Wurzeln bewusst

sind. Ansonsten wandelt sich die Europäische Union in ein rein technokratisches Unternehmen ohne Grundlage, ohne Tiefe. Neues Leben entspringt ständig aus den Wurzeln, aus denen wir entstanden sind, und verleiht uns neue Kraft für heute und morgen. Die Europäische Union muss daher auch immer wieder neu gedacht und weiterentwickelt werden – auf der Grundlage unserer Wurzeln.

Wenn die Gegner Europas versuchen, die Einheit unseres Kontinents in Frage zu stellen, zu hintertreiben, ja zum Nationalismus zurückzukehren, dann muss dies uns als überzeugte Europäer stärker, engagierter, selbstbewusster und mutiger machen. Wir müssen umso entschlossener handeln!

Es ist auch unser christlicher Glaube, der uns die Kraft gibt, den Weg mit Zuversicht weiter zu gehen; der uns die Gewissheit gibt, wie Bundeskanzlerin Angela Merkel es gesagt hat: Wir werden das schaffen! Europa wird das schaffen!

Die europäische Einigung muss immer wieder neu errungen werden. Das war am 25. März 1957 so – als nach dem Scheitern der Europäischen Verteidigungsgemeinschaft im Jahre 1954 – hier in Rom die Römischen Verträge unterzeichnet wurden. Es war auch 50 Jahre später so, als am 25. März 2007 mit der »Berliner Erklärung« des Europäischen Rates, des Europäischen Parlaments und der Europäischen Kommission die Grundlage für den Vertrag von Lissabon geschaffen wurde. Und es ist auch heute so im Jahr 2016.

Konrad Adenauer hat es in der letzten außenpoliti-
schen Rede seines Lebens am 16. Februar 1967 in Ma-
drid treffend gesagt: »In unserer Epoche dreht sich das
Rad der Geschichte mit ungeheurer Schnelligkeit.
Wenn der politische Einfluss der europäischen Länder
weiterbestehen soll, muss gehandelt werden. Wenn
nicht gleich die bestmöglichste Lösung erreicht werden
kann, so muss man eben die zweit- oder drittbeste nehmen. Wenn nicht alle mittun, dann sollen die handeln,
die dazu bereit sind.«

Diese Worte Konrad Adenauers haben heute unverändert Gültigkeit – und wir dürfen niemals vergessen:
Wie alles Menschliche bleibt auch die europäische Einigung unvollkommen, ja gefährdet. Sie erfordert in jeder
Zeit Einsatz und Anstrengungen. Der Glaube daran, es
bleibe oder werde schon alles gut, reicht nicht.

Mit seinem Einsatz für ein friedliches Europa schließt
Papst Franziskus an die Worte und Taten seiner Vorgänger an: Benedikt XVI. ist ein großer Befürworter der
europäischen Einigung. Johannes Paul II. hat mit seiner
Unterstützung der Solidarność-Bewegung einen maßgeb-
lichen Beitrag zur friedlichen Einigung Europas und
damit auch Deutschlands geleistet.

Die Nationalisten und Populisten in Deutschland
sollten erkennen, dass ohne den Beitrag der anderen Europäer die nationale Einheit Deutschlands nicht möglich
gewesen wäre. Die Nationalisten und Populisten in ganz
Europa sollten erkennen, dass wir im 21. Jahrhundert

nur als bewusste Europäer den Werten und Interessen unserer Völker dienen können.

Papst Franziskus gibt den Menschen – unabhängig davon, von wo sie kommen – ein Zeichen der Hoffnung in unserer von Krisen geplagten Welt.

Insbesondere in Europa – dies fordert Papst Franziskus nachdrücklich – bedürfen wir einer stärkeren Rückbesinnung auf die Würde des Menschen, auf die Barmherzigkeit und auf die Solidarität.

Zwischen dem Papst und den Gründervätern Europas besteht damit eine erkennbare Verbindung; von Franziskus zurück zu Adenauer und De Gasperi, Schuman und Monnet – und von dort aus wieder in unsere Gegenwart, von wo aus sie hinein in die Zukunft reichen möge.

Wir denken heute auch in Dankbarkeit an zwei große Europäer, die nicht bei uns sein können, an die Ehrenbürger Europas und Träger des Karlspreises: Helmut Kohl und Jacques Delors. Wir grüßen beide von hier aus sehr herzlich.

Ich zitiere ein letztes Mal aus Papst Franziskus' Rede vor dem Europäischen Parlament. Er ermutigte uns, »zur festen Überzeugung der Gründungsväter der Europäischen Union zurückzukehren, die sich eine Zukunft wünschten, die auf der Fähigkeit basiert, gemeinsam zu arbeiten, um die Teilungen zu überwinden und den Frieden und die Gemeinschaft unter allen Völkern des Kontinentes zu fördern«.

Bleiben wir unseren Überzeugungen treu! Arbeiten wir weiter für die Einheit unseres Kontinents – auf der

Grundlage unserer Werte von Freiheit und Frieden, Demokratie und Recht. Die Solidarität muss uns dabei verbinden. Die Treue zu Europa ist ein Dienst, den wir leisten müssen für die heutige Generation und die Generationen, die kommen.

Rede anlässlich des Karlspreises 2016
Am Vorabend der Verleihung,
Campo Santo Teutonico

# BEGRÜNDUNG

*des Direktoriums der Gesellschaft für die Verleihung des*
*Internationalen Karlspreises zu Aachen an*
*Seine Heiligkeit Papst Franziskus*

I. Das gemeinsame geistige Erbe Europas, die auf unseren christlich-jüdischen Wurzeln basierenden Werte, die durch die reichen Einflüsse der griechischen und römischen Kultur, durch die karolingische Renaissance, die Aufklärung und die Normen der Demokratien ergänzt wurden, die Achtung vor der Einzigartigkeit des Menschen, seiner Würde und seinen unveräußerlichen Rechten, sind gewachsene Grundlagen der europäischen Verständigung, an deren Anfang vor allem eines stand: der sehnliche Wunsch nach Frieden.

Auf den Trümmern zweier Weltkriege haben die Europäer in den vergangenen sieben Jahrzehnten ein Gebiet der Achtung von Menschenwürde und Freiheitsrechten, von Demokratie und Rechtsstaatlichkeit geschaffen. Ein System der Toleranz und des Respekts vor dem anderen; ein System, dessen entscheidender Referenzpunkt die Menschenrechte sind.

Welche Grenzen sprengende Kraft der Wunsch nach dem Ende von Unterdrückung und nach der Achtung der Menschenrechte besitzt, haben wir in der Geschichte der europäischen Einigung bereits vielfach erlebt. Und es ist keineswegs Zufall, dass Griechenland den Europäischen Gemeinschaften nach der Überwindung der Militärdiktatur, Spanien nach dem Franquismus und Portugal nach der »Nelkenrevolution« beitraten, dass die Staaten Mittelosteuropas ihre Zukunft nach dem Zusammenbruch des Kommunismus und seiner totalitären Regimes von Beginn an unter dem Dach der Europäischen Union gesehen haben. Denn sie strebten nicht zuvörderst in ein Europa der wirtschaftlichen Prosperität, sondern vielmehr in ein Europa gemeinsamer Werte.

Indes ist unübersehbar, dass die Europäische Union in den zurückliegenden sieben Jahren Schwächen, Krisen und Rückschläge erlebt hat, die heute viele Errungenschaften des Integrationsprozesses in den Hintergrund drängen und die vor allem eines zur Folge haben: einen dramatischen Vertrauensverlust. In dieser Zeit, in der viele Bürgerinnen und Bürger in Europa Orientierung suchen, sendet Seine Heiligkeit Papst Franziskus eine Botschaft der Hoffnung und der Ermutigung aus, eine Botschaft der »Hoffnung, die auf der Zuversicht beruht, dass die Schwierigkeiten zu machtvollen Förderern der Einheit werden können, um alle Ängste zu überwinden, die Europa – gemeinsam mit der ganzen Welt – durchlebt« und eine »Ermutigung, zur festen Überzeugung der Gründungsväter der Europäischen Union zurückzukehren, die sich eine Zukunft wünschten, die auf der Fähigkeit basiert, gemeinsam zu arbeiten, um die Teilungen zu überwinden und den Frieden und die Gemeinschaft unter allen Völkern des Kontinentes zu fördern. Im Mittelpunkt dieses ehrgeizigen politischen Planes stand das Vertrauen auf den Menschen, und zwar weniger als Bürger und auch nicht als wirtschaftliches Subjekt, sondern auf den Menschen als eine mit transzendenter Würde begabte Person.«

Das Direktorium der Gesellschaft für die Verleihung des Internationalen Karlspreises zu Aachen fühlt sich beehrt, im Jahre 2016 Seine Heiligkeit Papst Franziskus in Würdigung der herausragenden Botschaften und Zeichen, die sein Pontifikat für Frieden und Verständigung, für Barmherzigkeit, Toleranz, Solidarität und die Bewahrung der Schöpfung setzt, mit dem Internationalen Karlspreis zu Aachen auszeichnen zu dürfen.

»Die Stunde ist gekommen, gemeinsam das Europa aufzubauen, das sich nicht um die Wirtschaft dreht, sondern um die Heiligkeit der menschlichen Person, der unveräußerlichen Werte; das Europa, das mutig seine Vergangenheit umfasst und vertrauensvoll in die Zukunft blickt, um in Fülle und voll Hoffnung seine Gegenwart zu leben. Es ist der Moment gekommen, den Gedanken eines verängstigten und in sich selbst verkrümmten Europas fallen zu lassen, um ein Europa zu erwecken und zu fördern, das ein Protagonist ist und Träger von Wissenschaft, Kunst, Musik, menschlichen Werten und auch Träger des Glaubens ist. Das Europa [...], das auf den Menschen schaut, ihn verteidigt und schützt; das Europa, das auf sicherem, festem Boden voranschreitet, ein kostbarer Bezugspunkt für die gesamte Menschheit!«

Als Papst Franziskus im November 2014 mit diesen Worten seine historische Rede vor dem Europäischen Parlament schloss, hatte er zuvor sehr eindringlich an die Abgeordneten appelliert, die Würde des Menschen und die Ideale der Gründerväter Europas in den Mittelpunkt ihres Handelns zu rücken und als Gesetzgeber ihren Beitrag zu leisten, dass das große Potenzial der europäischen Idee, um das weite Teile der Welt die EU beneiden, nicht verspielt wird.

II. Seine Heiligkeit Franziskus PP. wurde unter seinem bürgerlichen Namen Jorge Mario Bergoglio am 17. Dezember 1936 als Sohn italienischer Einwanderer in Buenos Aires geboren; neben der argentinischen Staatsangehörigkeit behielt er auch die italienische. Zunächst als Chemietechniker ausgebildet, entschied er sich für die Priesterlaufbahn und trat 1958 in den Jesuitenorden ein.

Er studierte Geisteswissenschaften in Chile und Philosophie am Colegio de San José in San Miguel nahe Buenos Aires; 1964–1966 lehrte er Literatur und Psychologie in Santa Fé und Buenos Aires. Am 13. Dezember 1969 wurde er – kurz vor Abschluss seines 1967 aufgenommenen Theologiestudiums – zum Priester geweiht. Nach dem Tertiat, einer im Orden üblichen Prüfungszeit, die er größtenteils in Spanien verbrachte, und der Ablegung der feierlichen ewigen Gelübde wurde er 1973 Leiter (»Provinzial«) des Jesuitenordens in Argentinien (bis 1979).

Von 1980 bis 1986 Rektor des Colegio de San José, folgte ein mehrmonatiger Auslandsaufenthalt an der Jesuiten-Hochschule St. Georgen in Frankfurt/Main, bevor er Spiritual (geistlicher Begleiter, Beichtvater) des Kollegs El Salvador in Buenos Aires und später in Córdoba wurde. Am 20. Mai 1992 wurde er durch Papst Johannes Paul II. zum Weihbischof in Buenos Aires und zum Titularbischof von Auca ernannt. Ab 1993 Generalvikar des Erzbistums, wurde er im Juni 1997 zunächst Erzbischof-Koadjutor, im Februar 1998 Erzbischof von Buenos Aires. 2001 folgte die Ernennung zum Kardinal. Von 2005 bis 2011 stand er der argentinischen Bischofskonferenz vor.

Nach dem Amtsverzicht von Papst Benedikt XVI. wurde Jorge Mario Bergoglio schließlich am 13. März 2013 als erster gebürtiger Lateinamerikaner und als erster Angehöriger des Jesuitenordens zum 266. Bischof von Rom und neuen Papst gewählt.

III. Bereits seine Namenswahl und der erste öffentliche Auftritt wenige Minuten nach dem Konklave ließen sein Amtsverständnis erkennen: Bescheidenheit im Auftreten und eine ganz außergewöhnliche Nähe zu den Menschen – vor allem denen, die der Hilfe bedürfen.

Seine erste offizielle Reise als Kirchenoberhaupt führte ihn Anfang Juli 2013 im Gedenken an die ums Leben gekommenen Bootsflüchtlinge nach Lampedusa, »um eine Geste der Nähe zu setzen, aber auch um unsere Gewissen wachzurütteln, damit sich das Vorgefallene nicht wiederhole«. Und er fragte: »Wer hat geweint um diese Menschen, die im Boot waren? Um die jungen Mütter, die ihre Kinder mit sich trugen? Um diese Männer, die sich nach etwas sehnten, um ihre Familien unterhalten zu können? Wir sind eine Gesellschaft, die die Er-

fahrung des Weinens, des ›Mit-Leidens‹ vergessen hat:
Die Globalisierung der Gleichgültigkeit hat uns die Fähigkeit zu weinen genommen.«

Auch in der Folge rief er immer wieder dazu auf,
die Gleichgültigkeit zu überwinden, ihr eine »Kultur
der Solidarität« entgegenzusetzen und die Einwan-
derungsgesetze daraufhin zu prüfen, »ob sie von Aufnah-
mebereitschaft geprägt sind und die Integration der
Migranten erleichtern können«. Europa, so seine Überzeugung, »wird imstande sein, die mit der Einwan-
derung verbundenen Problemkreise zu bewältigen,
wenn es versteht, in aller Klarheit die eigene kulturelle
Identität vorzulegen und geeignete Gesetze in die Tat
umzusetzen, die fähig sind, die Rechte der europäischen
Bürger zu schützen und zugleich die Aufnahme der
Migranten zu garantieren«.


IV. Indes ist es nicht nur die Flüchtlingskrise, die Europa,
wie Papst Franziskus kritisch konstatiert, einen Eindruck
der Müdigkeit, der Alterung und der mangelnden Frucht-
barkeit vermitteln lässt. Auch die Auswirkungen der
Wirtschaftskrise, die in Teilen der Union unverändert
hohe Arbeitslosigkeit und die zunehmende Entfremdung
zwischen den Bürgerinnen und Bürgern einerseits und
den europäischen Institutionen auf der anderen Seite, lassen den Papst Europa fragen: »Wo ist deine Kraft? Wo ist
jenes geistige Streben, das deine Geschichte belebt hat
und durch das sie Bedeutung erlangte? Wo ist dein Geist
wissbegieriger Unternehmungslust? Wo ist dein Durst

nach Wahrheit, den du der Welt bisher mit Leidenschaft vermittelt hast? Von der Antwort auf diese Fragen wird die Zukunft des Kontinents abhängen.«

Und der Heilige Vater gibt selbst Antworten, beschwört die Prinzipien der Solidarität und der Subsidiarität, die Einheit in der Verschiedenheit statt gedanklicher und kultureller Uniformität, bekräftigt den humanistischen Geist und die Zentralität des Menschen und ruft Europa auch dazu auf, sich die eigenen religiösen Wurzeln zunutze zu machen.

V. »Europa hat in einem lobenswerten Einsatz zugunsten der Ökologie immer in der vordersten Reihe gestanden. Diese unsere Erde braucht tatsächlich eine ständige Pflege und Aufmerksamkeit, und jeder trägt eine persönliche Verantwortung in der Bewahrung der Schöpfung«, mahnte der Heilige Vater und widmete sich in seiner großen Enzyklika *Laudato si'* keinem anderen Thema.

Der Name der Enzyklika ist eine Referenz an seinen Namenspatron Franz von Assisi, »der der heilige Patron all derer [ist], die im Bereich der Ökologie forschen und arbeiten« und dessen *Sonnengesang* die Worte entnommen sind. Der Zeitpunkt der Veröffentlichung von »Laudato si« im Juni 2015 – rund fünf Monate vor der im Dezember so erfolgreichen UNO-Klimakonferenz in Paris – war ganz bewusst gewählt; schließlich war es Franziskus wichtig, »dass zwischen ihrer Veröffentlichung und dem Treffen in Paris ein gewisser zeitlicher Abstand liegt, damit sie einen Beitrag leistet«. In dem Lehrschreiben, an dessen Entwurf der Papst zahlreiche Fachleute aus aller Welt beteiligt hat, gibt das Oberhaupt der Katholischen Kirche denn auch sehr detailliert vielfältige und weitreichende Anregungen für eine nachhaltige und den Menschen ins Zentrum rückende Klimapolitik.

Zu den zentralen Themen, die die gesamte Enzyklika durchziehen, zählen die enge Beziehung zwischen Armut und der Anfälligkeit des Planeten, der Eigenwert eines jeden Geschöpfes, die Wegwerfkultur und der Vorschlag eines neuen Lebensstils sowie die Einladung, nach einem anderen Verständnis von Wirtschaft und Fortschritt zu suchen. Denn: »Die jungen Menschen verlangen von uns eine Veränderung. Sie fragen sich, wie es möglich ist, den Aufbau einer besseren Zukunft anzustreben, ohne an die Umweltkrise und an die Leiden der Ausgeschlossenen zu denken.«


VI. Die Einladung zum interreligiösen und -kulturellen Dialog zieht sich gleichsam wie ein roter Faden durch das Pontifikat von Franziskus – ob in der Türkei oder in Israel, wo er gemeinsam mit dem Ökumenischen Patriarchen Bartholomaios I. alle Christen einlud, »einen echten Dialog mit dem Judentum, dem Islam und anderen religiösen Traditionen zu fördern«, oder sei es jüngst in Kenia, Uganda und der Zentralafrikanischen Republik. Er sucht in erster Linie das Gemeinsame, nicht das Trennende. Und als ein wesentliches Element, das das Christentum mit den beiden anderen abrahamitischen Religionen, dem Judentum und dem Islam, eng verbindet, sieht er die Barmherzigkeit.

Barmherzigkeit: Sie steht im Mittelpunkt der Botschaft von Papst Franziskus. Viele der herausragenden Akzente seines Pontifikats stehen hiermit in engem Zusammenhang: der bescheidene Auftritt; die Nähe, die er zu den Menschen sucht, zu Gläubigen und Nicht-Gläubigen, vor allem zu Menschen, die benachteiligt sind und am Rande der Gesellschaft stehen; die Achtung gegenüber der Natur, die auch daran erinnert, dass der Mensch selbst ein grundlegender Teil von ihr ist. »Die Kirche empfindet einen unerschöpflichen Wunsch, Barmherzigkeit anzubieten. Vielleicht haben wir es für lange Zeit vergessen, auf den Weg der Barmherzigkeit hinzuweisen und ihn zu gehen«, unterstreicht er und rief jüngst ein Heiliges Jahr der Barmherzigkeit aus, in dem alle Gläubigen aufgerufen sind, selbst Instrument dieser Barmherzigkeit zu sein – in dem Wissen, dass sie daran gemessen werden.

VII. In einer Zeit, in der die Europäische Union vor der bislang größten Herausforderung des 21. Jahrhunderts steht, ist es der Papst »vom anderen Ende der Welt«, der Millionen Europäern Orientierung dafür gibt, was die Europäische Union im Innersten zusammenhält: das für uns gültige Wertesystem, die Achtung vor Menschenwürde und Freiheitsrechten, vor der Einzigartigkeit des Menschen, ganz gleich welcher ethnischen, religiösen oder kulturellen Herkunft er ist, und die Achtung vor unseren natürlichen Lebensgrundlagen.

Das Direktorium der Gesellschaft für die Verleihung des Internationalen Karlspreises zu Aachen fühlt sich beehrt, im Jahre 2016 Seine Heiligkeit Papst Franziskus mit dem Internationalen Karlspreis zu Aachen auszeichnen zu dürfen, eine Stimme des Gewissens, die uns mahnt, bei all unserem Tun den Menschen in den Mittelpunkt zu stellen, und eine herausragende moralische Autorität, die uns als Mahner und Mittler zugleich daran erinnert, dass Europa den Auftrag und die Verpflichtung hat, aufbauend auf den Idealen seiner Gründerväter Frieden und Freiheit, Recht und Demokratie, Solidarität und die Bewahrung der Schöpfung zu verwirklichen.

**MIX**
Papier aus verantwor-
tungsvollen Quellen
FSC® C083411

Impressum:
Sonderpublikation der Zeitschrift Gemeinsam Glauben
www.gemeinsam-glauben.de
Herausgeber Manuel Herder

Redaktion:
Björn Siller (Schriftleitung)
Simon Biallowons, Stefan von Kempis, Gudrun Sailer
Verlag Herder GmbH
D-79080 Freiburg im Breisgau
E-Mail: redaktion@gemeinsam-glauben.de

Abonnentenservice:
Verlag Herder
D-79080 Freiburg im Breisgau
Tel. 0761 2717-200 Fax 0761 2717-222
E-Mail: aboservice@herder.de

Anzeigen:
Verlag Herder GmbH
Anzeigenleitung: Bettina Haller
Tel. 0761 2717-456 Fax 0761 2717-426
E-Mail: anzeigen@herder.de
Anzeigenpreisliste Nr. 5 vom 1.1.2016

Die Preise des Monatsmagazin Gemeinsam Glauben ersehen Sie in der
aktuellen Preisliste auf www.gemeinsam-glauben.de

Umschlaggestaltung: Verlag Herder
Herstellung: CPI books GmbH, Leck
Printed in Germany
© alle Rechte liegen bei den Autoren.
ISSN: 2191-8724
ISBN: 978-3-451-02700-0